AF453606

CLITANDRE

OV

L'INNOCENCE

DELIVREE

TRAGI-COMEDIE.

DEDIE'E A MONSEIGNEVR
LE DVC DE LONGVEVILLE.

A PARIS,

Chez FRANÇOIS TARGA, au premier pilier
de la grand' Salle du Palais, au Soleil d'or.

M. DC. XXXII.
Auec Priuilege du Roy.

A
MONSEIGNEVR
LE DVC
DE LONGVEVILLE.

Onseignevr,

Ie prends aduantage
de ma temerité, & quel-
que deffiance que i'aye
de Clitandre ie ne, puis croire qu'on
s'en promette rien de mauuais, apres
auoir veu la hardieffe que i'ay de vous

l'offrir. Il est impossible qu'on s'imagi-
ne qu'à des personnes de vostre rang,
et à des esprits de l'excellence du vostre,
on presente rien qui ne soit de mise, puis
qu'il est tout vray que vous auez vn
tel degoust des mauuaises choses, &
les sçauez si nettement desmesler
d'auec les bonnes, qu'on fait paroistre
plus de manque de iugement à vous
les presenter, qu'à les conceuoir. Cette
verité est si generalement reconnuë
qu'il faudroit n'estre pas du monde
pour ignorer que vostre condition vous
releue encor moins par dessus le reste
des hommes que vostre esprit, & que
les belles parties qui ont accompagné la
splendeur de vostre naissance n'ont
ceu d'elle que ce qui leur estoit deu.
C'est ce qui fait dire aux plus hon-
nestes gens de nostre siecle qu'il semble

que le Ciel ne vous a fait naiſtre Prince, qu'afin d'oſter au Roy la gloire de
choiſir voſtre perſonne, et d'eſtablir voſtre grãdeur ſur la ſeule reconnoiſſance
de vos vertus. Auſſi MONSEIGNEVR,
ces conſiderations m'auroient intimi-
dé, & ce Caualier n'euſt iamais oſé
vous aller entretenir de ma part ſi voſtre permiſſion ne l'en euſt authoriſé,
& comme aſſeuré que vous l'auiez en
quelque ſorte d'eſtime, veu qu'il ne
vous eſtoit pas tout à fait inconnu.
C'eſt le meſme qui par vos commandemens vous fut conter il y a quelque temps vne partie de ſes aduantures, autant qu'en pouuoient contenir
deux actes de ce Poëme encor tous in-
formes, & qui n'eſtoient qu'à peine
esbauchez. Le malheur ne perſecutoit
point encor ſon innocence, & ſes con-
ã iij

tentements deuoient estre en vn haut
degré, puisque l'affection, la promesse,
& l'authorité de son Prince luy ren-
doient la possession de sa maistresse
presque infaillible : ses faueurs toutefois ne luy estoient point si cheres que
celles qu'il receuoit de vous , & iamais il ne se fust plaint de sa prison, s'il
y eust trouué autant de douceur qu'en
vostre cabinet. Il a couru de grands
perils durant sa vie , & n'en court pas
de moindres à present que ie tasche à le
faire reuiure. Son Prince le preserua
des premiers , il espere que vous le ga-
rantirez des autres , & que comme il
l'arracha du supplice qui l'alloit perdre, vous le defendrez de l'enuie qui
a desia fait vne partie de ses efforts à
l'estouffer. C'est MONSEIGNEVR,
dont vous supplie tres-humblement ce-

luy qui n'eſt pas moins par la force de
ſon inclination, que par les obligations
de ſon deuoir

MONSEIGNEVR,

Voſtre tres-humble & tres-
obeyſſant ſeruiteur,
CORNEILLE.

PREFACE.

POVR peu de fouuenir qu'on ait de MELITE, il fera fort aifé de iuger apres la lecture de ce Poëme, que peut eftre iamais deux Pieces ne partirent d'vne mefme main plus differentes & d'inuention, & de ftile. Il ne faut pas moins d'adreffe à reduire vn grand fujet qu'à en deduire vn petit, & fi ie m'eftois auffi dignement acquitté de celuy-cy, qu'heureufement de l'autre, i'eftimerois auoir en quelque façon approché de ce que demande Horace au Poëte qu'il inftruit, quand il veut qu'il poffede tellement fes fujets qu'il en demeure toufiours le maiftre, & les afferuiffe à foy-mefme, fans fe laiffer emporter par eux. Ceux qui ont blâmé l'autre de peu

d'effets auront icy de quoy se satisfaire, si
toutefois ils ont l'esprit assez tendu pour
me suiure au Theatre, & si la quantité
d'intriques & de rencótres n'accable & ne
confond leur memoire. Que si cela leur
arriue, ie les supplie de prendre ma iusti-
fication chez le Libraire, & de recognoi-
stre par la lecture que ce n'est pas ma
faute. Il faut neantmoins que i'aduouë
que ceux qui n'ayant veu reprensenter
Clitandre qu'vne fois ne le compren-
dront pas nettement, seront fort excusa-
bles, veu que les narrations qui doiuent
donner le iour au reste y sont si courtes,
que le moindre defaut ou d'attention du
spectateur, ou de memoire de l'acteur
laisse vne obscurité perpetuelle en la suite, & oste presque l'entiere intelligence
de ces grands mouuements dont les pensées ne s'esgarent point du fait, & ne sont
que des raisonnements continus sur ce
qui s'est passé. Que si i'ay renfermé cette
piece dans la regle d'vn iour, ce n'est pas

que ie me repente de n'y auoir point mis
MELITE, ou que ie me fois refolu à m'y
attacher d'orefnauát. Auiourd'huy quelques vns adorent cette regle, beaucoup
la mefprifent, pour moy i'ay voulu feulement monftrer que fi ie m'en efloigne ce
n'eft pas faute de la connoiftre. Il eft
vray qu'on pourra m'imputer que m'e-
ftant propofé de fuiure la regle des Anciens, i'ay renuerfé leur ordre, veu qu'au
lieu des meffagers qu'ils introduifent à
chaque bout de champ pour raconter les
chofes merueilleufes qui arriuent à leurs
perfonnages, i'ay mis les accidents mef-
mes fur la Scene. Cette nouueauté pourra plaire à quelques vns : & quiconque
voudra bien pefer l'auantage que l'a-
ction a fur ces longs & ennuyeux recits
ne trouuera pas eftrange que i'aye mieux
aymé diuertir les yeux, qu'importuner
les oreilles, & que me tenant dans la contrainte de cette methode i'en aye pris la
beauté fans tomber dans les incommodi-

tez que les Grecs & les Latins qui l'ont
suiuie, n'ont sceu d'ordinaire, ou du
moins n'ont osé euiter. Ie me donne icy
quelque sorte de liberté de chocquer les
Anciens, d'autant qu'ils ne sont plus en
estat de me respondre, & que ie ne veux
engager personne en la recherche de
mes defauts. Puisque les Sciences & les
Arts ne sont iamais à leur periode, il
m'est permis de croire qu'ils n'ont pas
tout sceu, & que de leurs instructions on
peut tirer des lumieres qu'ils n'ôt paseuës.
Ie leur porte du respect comme à des
gens qui nous ont frayé le chemin, & qui
apres auoir défriché vn païs fort rude
nous ont laissé à le cultiuer. I'honore les
Modernes sans les enuier, & n'attribueray
iamais au hazard ce qu'ils auront fait par
sciéce, ou par des regles particulieres qu'ils
se feront eux mesmes prescrites. Outre
que c'est ce qui ne me tombera iamais en
la pensée, qu'vne piece de si longue haleine, où il faut coucher l'esprit à tant de re-

prifes, & s'imprimer tant de contraires
mouueméts, fe puiſſe faire par aduanture.
Il n'en va pas de la Comedie comme d'vn
fonge qui faifit noſtre imaginatió tumul-
tuairement & fans noſtre adueu , ou
comme d'vn Sonnet ou d'vne Ode,
qu'vne chaleur extraordinaire peut pouſ-
fer par boutade, & fans leuer la plume.
Auffi l'antiquité nous parle bien de l'ef-
cume d'vn cheual, qu'vne efponge iettée
par defpit fur vn tableau exprima parfai-
tement apres que l'induſtrie du Peintre
n'en auoit fceu venir à bout : mais il ne fe
lit point que iamais vn tableau tout entier ait eſté produit de cette forte. Au reſte
ie laiffe le lieu de ma Scène au choix du
Lecteur, bien qu'il ne me couſtaſt icy
qu'à nommer. Si mon fujet eſt veritable,
i'ay raifon de le taire : fi c'eſt vne fiction,
quelle apparence pour fuiure ie ne fçay
quelle Chorographie de donner vn
foufflet à l'Hiſtoire, d'attribuer à vn
païs des Princes imaginaires , & d'en

rapporter des aduantures qui ne se lisent
point dansles Chroniques de leur Royaume? Ma Scene est donc en vn Chasteau
d'vn Roy proche d'vne forest, ie n'en de-
termine, ny la prouince, ny le Royaume;
où vous l'aurez vne fois placée, elle s'y
tiendra. Que si l'on remarque des con-
currences dans mes vers, qu'on ne les
prenne pas pour des larcins. Ie n'y en ay
point laissé que i'aye conneues, & i'ay
tousiours creu que pour belle que fut vne
pensée, tomber en soupçon de la tenir
d'vn autre, c'est l'achepter plus qu'elle ne
vaut, de sorte qu'en l'estat que ie donne
cette piece au public ie pense n'auoir
rien de commun auec la plus part des Es-
criuains Modernes, qu'vn peu de vanité que ie tesmoigne icy.

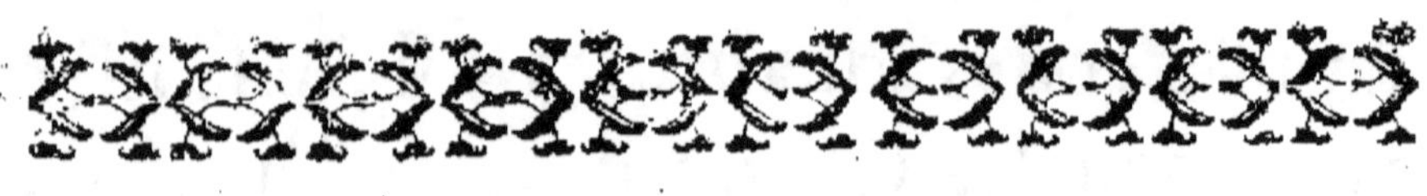

ARGVMENT.

OSIDOR fauory du Roy eſtoit ſi paſſionnément aymé de deux des filles de la Reyne, Caliſte, & Doriſe, que celle-cy en deſdaignoit Pymante, & celle-là Clitandre. Ses affections toutesfois n'eſtoient que pour la premiere, de ſorte que cette amour mutuelle n'euſt point eu d'obſtacle ſans Clitandre. Ce Caualier eſtoit le mignon du Prince fils vnique du Roy, qui pouuoit tout ſur la Reyne ſa mere, dont cette fille dependoit, & de là procedoient les refus de la Reyne toutes les fois que Roſidor la ſupplioit d'agréer leur mariage. Ces deux Damoiſelles bien que riuales ne laiſſoient pas d'eſtre amies, d'autant que Doriſe feignoit que ſon amour n'eſtoit que par galanterie, & comme pour auoir de quoy repliquer aux importunitez de Pymante· De cette façon elle entroit dans la confidence de Caliſte, & ſe tenant touſiours aſſiduë auprés d'elle, elle ſe donnoit plus de moyen de voir Roſidor, qui ne s'en eſloignoit que le moins qu'il luy eſtoit poſſible. Cependant la ialouſie la rongeoit au dedans & excitoit en

ARGVMENT.

ſon ame autant de veritables mouuements de
haine pour ſa cõpagne qu'elle luy rẽdoit de feints
teſmoignages d'amitié. Vn iour que le Roy
auec toute ſa Cour s'eſtoit retiré en vn chaſteau
de plaiſance proche d'vne foreſt, cette fille en-
tretenant en ces bois ſes penſées melancholi-
ques rencontra par hazard vne eſpée. C'eſtoit
celle d'vn Caualier nommé Arimant, demeu-
rée là par meſgarde depuis deux iours qu'il auoit
eſté tué en duel diſputant ſa maiſtreſſe Daphné
contre Eraſte. Cette ialouſe dans ſa profonde
reſuerie deuenuë furieuſe, iugea cette occaſion
propre à perdre ſa riuale. Elle la cache donc au
meſme endroit, & à ſon retour conte à Caliſte
que Roſidor la trompe, qu'elle a deſcouuert
vne ſecrette affection entre Hyppolite & luy,
& en fin qu'ils auoient rendés-vous dans le bois
le lendemain au leuer du Soleil pour en venir aux
dernieres faueurs : vne offre en outre de les luy
faire ſurprendre eſueille la curioſité de cet eſprit
facile, qui luy promet de ſe deſrober, & ſe deſrobe en effet le lendemain auec elle pour faire
ſes yeux teſmoins de cette perfidie. D'autre
coſté Pymante reſolu de ſe deffaire de Roſidor,
comme du ſeul qui l'empeſchoit d'eſtre aymé de
Doriſe, & ne l'oſant attaquer ouuertement à cau-
ſe de ſa faueur auprés du Roy dont il n'euſt peu
rapprocher, ſuborne Geronte Eſcuyer de Cli-

tandre, & Lycaste Page du mesme. Cet Escuyer escrit vn cartel à Rosidor au nom de son maistre, prend pour pretexte l'affection qu'ils auoient tous deux pour Caliste, contrefait au bas son seing, le fait rendre par ce Page, & eux trois le vont attendre masquez & desguisez en paysans. L'heure estoit la mesme que Dorise auoit donnée à Caliste, à cause que l'vn & l'autre vouloit estre assez tost de retour pour se rendre au leuer du Roy & de la Reyne apres le coup executé. Les lieux mesmes n'estoient pas fort esloignez, de sorte que Rosidor poursuiuy par ces trois assassins arriue auprés de ces deux filles, comme Dorise auoit l'espée à la main preste de l'enfoncer dans l'estomach de Caliste. Il pare & blesse tousiours en reculant, & tuë en fin ce Page, mais si malheureusement que retirant son espée elle se rompt contre la branche d'vn arbre : En cette extremité il voit celle que tient Dorise, & sans la reconnoistre il la luy arrache, passe tout d'vn temps le tronçon de la sienne en la main gauche à guise d'vn poignard, se defend ainsi contre Pymante & Geronte, tuë encor ce dernier, & met l'autre en fuite. Dorise fuit aussi se voyant desarmée par Rosidor, & Caliste, si tost qu'elle l'a recognu se pasme d'apprehension de son peril. Rosidor démasque les morts, & fulmine contre Clitandre qu'il prend pour l'autheur

de

de cette perfidie, attendu qu'ils font fes domefti-
ques, & qu'il eftoit venu dans ce bois fur vn cartel receu de fa part. Dans ce mouuement il voit
Califte pafmée, & la croit morte : fes regrets
auec fes playes le font tomber en foibleffe, Califte reuient de pafmoifon, & s'entr'aydant l'vn à
l'autre à marcher, ils gaignent la maifon d'vn
payfan, où elle luy bande fes bleffures. Dorife
defefperée, & n'ofant retourner à la Court, trouue les vrais habits de ces affaffins, & s'accómode
de celuy de Geronte pour fe mieux cacher. Pymante qui alloit rechercher les fiens, & cependant afin de mieux paffer pour villageois auoit
ietté fon mafque, & fon efpée dans vne cauerne,
la voit en cet eftat: Apres quelque mefcóte, Dorife fe feint eftre vn ieune Gentil-homme, con-
traint pour quelque occafion defe retirer de la
Court, & le prie de le tenir là quelque temps
caché. Pymante luy baille quelque efchapatoi-
re, mais s'eftant apperceu à fes difcours qu'elle
auoit veu fon crime, & d'ailleurs entré en quelque foupçon que ce fuft Dorife, il accorde fade-
mande, & la mene en cette cauerne, refolu fi
c'eftoit elle de fe feruir de l'occafion, finon d'o-
fter du móde vn tefmoin de fon forfait en ce lieu
où il eftoit affeuré de retrouuer fon efpée. Sur le
chemin au moyen d'vn poinçon qui luy eftoit

é

ARGVMENT.

demeuré dans les cheueux, il la recognoit, & se
fait cognoistre à elle: ses offres de seruice sont
aussi mal receuës que par le passé, elle persiste
tousiours à ne vouloir cherir que Rosidor; Pymante l'asseure qu'il la tuë, elle entre en furie, qui
n'empesche pas ce paysan desguisé de l'enleuer
dans cette cauerne, où taschant d'vser de force,
cette courageuse fille luy creue vn œil de son
poinçon, & comme la douleur luy fait y porter
les deux mains, elle s'eschappe de luy, dont l'a-
mour tournée en rage le fait sortir l'espée à la
main de cette cauerne à dessein & de vanger
cette iniure par sa mort, & d'estouffer ensemble
l'indice de son crime. Rosidor cependant n'auoit
peu se desrober si secrettement qu'il ne fust sui-
uy de son Escuyer Lysarque, à qui par importunité il conte le sujet de sa sortie. Ce genereux
seruiteur ne pouuant endurer que la partie s'a-
cheuast sans luy, le quitte pour aller engager
l'Escuyer de Clitandre à seruir de second à son
Maistre. En cette resolution il rencontre vn
Gentil-homme son particulier amy nommé
Cleon, dont il apprend que Clitandre venoit
de monter à cheual auec le Prince pour aller à la
chasse. Cette nouuelle le met en inquietude, &
ne sçachant tous deux que iuger de ce mescon-
te, ils vont de compagnie en aduertir le Roy.

ARGVMENT.

Le Roy qui ne vouloit pas perdre ces Caualiers
enuoye en mesme temps Cleon r'appeller
Clitandre de la chasse , & Lysarque auec vne
troupe d'Archers au lieu de l'assignation , afin
que si Clitandre s'estoit eschappé d'auprés du
Prince pour aller ioindre son riual , il fust assez
fort pour les separer. Lysarque ne trouue que les
deux corps des gents de Clitandre qu'il r'enuoye
au Roy par la moitié de ses Archers, cependant
qu'auec l'autre il suit vne trace de sang qui le mene iusques au lieu où Rosidor & Caliste s'estoient
retirez. La veuë de ces corps fait soupçonner au
Roy quelque supercherie de la part de Clitandre , & l'aigrit tellement contre luy, qu'à son retour de la chasse il le fait mettre en prison, sans
qu'on luy en dist mesme le sujet. Cette colere
s'augmente par l'arriuée de Rosidor tout blessé,
qui apres le recit de ses auätures, presente au Roy
le cartel de Clitandre, signé de sa main, (contre-
faite toutefois) & rendu par son Page, si bien
que le Roy ne doutant plus de son crime le fait
venir en son Conseil , où quelque protestation
que peust faire son innocence, il le condamne à
perdre la teste dans le iour mesme, de peur de se
voir comme forcé de le donner aux prieres de
son fils , s'il attendoit son retour de la chasse,
Cleon en apprend la nouuelle , & redoutant que

le Prince ne se prist à luy de la perte de ce Caualier qu'il affectionnoit , il le va chercher encor
vne fois à la chasse pour l'en aduertir. Tandis
que tout cecy se passe , vne tempeste surprend
le Prince à la chasse, ses gens effrayez de la violence des foudres & des orages qui çà qui là
cherchent ou se cacher , si bien que demeuré seul
vn coup de tonnerre luy tue son cheual sous luy.
La tempeste finie, il voit vn ieune Gentil homme
qu'vn paysan poursuiuoit l'espée à la main,
(c'estoit Pymante, & Dorise. Il estoit desia terras-
sé, & prest de receuoir le coup de la mort, mais
le Prince ne pouuant souffrir vne action si mes-
chante, tasche d'empescher cet assassinat. Pymante tenant Dorise d'vne main le combat de
l'autre , ne croyant pas de seureté pour soy
apres auoir esté veu en cet equipage, que par sa
mort. Dorise recognoit le Prince, & s'entrelas-
se tellement dans les iambes de son rauisseur,
qu'elle le fait tresbucher. Le Prince saute aussi
tost sur luy , & le desarme, l'ayant desarmé, il
crie ses gens, & en fin deux Veneurs paroissent
chargez des vrais habits de Pymante, Dorise,
& Lycaste. Ils les luy presentent comme
vn effet extraodinaire du foudre, qui auoit
consommé trois corps, à ce qu'ils s'imaginoient,
sans toucher à leurs habits. C'est de là que Do-

rife prend occafion de fe faire cognoiftre au Prince, & de luy declarer tout ce qui s'eft paffé dans
ce bois. Le Prince eftonné commande à fes Veneurs de garoter Pymante auec les couples de
leurs chiens : En mefme temps Cleon arriue,
qui fait le recit au Prince du peril de Clitandre,
& du fujet qui l'auoit reduit en l'extremité où il
eftoit. Cela luy fait recognoiftre Pymante pour
l'autheur de ces perfidies, & l'ayant baillé à fes
veneurs à ramener, il picque à toute bride vers
le chafteau, arrache Clitandre aux bourreaux, &
le va prefenter au Roy auec les criminels Pymante & Dorife, arriuez quelque temps apres
luy. Le Roy venoit de conclurre auec la
Reyne le mariage de Rofidor, & de Califte fi
toft qu'il feroit guery, dont Califte eftoit allé
porter la nouuelle au bleffé & apres que le
Prince luy eut fait cognoiftre l'innocence de
Clitandre, il le reçoit à bras ouuerts, & luy promet toute forte de faueurs pour recompenfe
du tort qu'il luy auoit penfé faire. De là il enuoye Pymante à fon Confeil, pour eftre puny,
voulant voir par là de quelle façon fes fujets van-
geroient vn attentat fait fur leur Prince. Le Prince obtient vn pardon pour Dorife qui luy auoit
affeuré la vie, & la voulant deformais fauorifer
en propofe le mariage à Clitandre, qui s'en excu-

se modestement. Rosidor & Caliste viennent
remercier le Roy, qui les reconcilie auec Clitandre & Dorise, & inuite ces derniers, voire mes-
meleur comemnde de s'entr'aymer, puisque luy
& le Prince le desirent, leur donnant iusques à la
guerison de Rosidor pour allumer cette flame,

> *Afin de voir alors cueillir en mesme iour*
> *A deux couples d'amants les fruits de leur*
>
> *amour.*

Extraict du Priuilege du Roy.]

PAr grace & Priuilege du Roy il eſt permis à
François Targa marchand Libraire à Paris,
d'imprimer ou faire imprimer vn liure intitulé,
Clitandre, ou l'Innocence deliurée. Faiſant defen-
ces à tous Libraires, Imprimeurs & autres de
quelque qualité & condition qu'ils ſoient, d'imprimer ou faire imprimer ledit liure, le vendre,
faire vendre, debiter ny diſtribuer par noſtre
Royaume, durant le temps de ſix ans, ſur peine
aux contreuenans de cinq cens liures d'amende,
de confiſcation des exemplaires, & de tous deſpens, dommages & intereſts, comme il eſt con-
tenu és lettres, données à Paris le 8. Mars 1632.

Par le Roy en ſon Conſeil,

FARDOIL.

Acheué d'imprimer le 20. *Mars* 1632.

ACTEVRS.

LE ROY.

LE PRINCE fils du Roy.

ROSIDOR fauory du Roy, & amant
de Caliste.

CLITANDRE, fauory du Prince, &
amoureux aussi de Caliste, mais desdaigné.

PYMANTE amoureux de Dorise, &
desdaigné.

CALISTE maistresse de Rosidor, & de
Clitandre.

DORISE maistresse de Pymante.

LYSARQVE, Escuyer de Rosidor.

GERONTE, Escuyer de Clitandre.

CLEON Gentil-homme suiuant la Cour.

LYCASTE Page de Clitandre.

LE GEOLIER.

TROIS ARCHERS.

TROIS VENEVRS.

CLITANDRE,

CLITANDRE.

OV
L'INNOCENCE
DELIVREE.

TRAGI-COMEDIE.

ACTE PREMIER.

SCENE PREMIERE.

CALISTE, *regardant derriere elle.*

 E ne suis point suiuie, & sans estre
entenduë
Mon pas lent & craintif en ces
lieux m'a renduë,
Tout le môde au chasteau plôgé dans le sommeil

A

Loing de ſçauoir ma fuitte, ignore mon réueil,
Vn ſilence profond mon deſſein fauoriſe,
Heureuſe entierement ſi i'auois ma Doriſe,
Ma fidelle compagne en qui ſeule aujourd'huy
Mon amour affronté rencõtre quelque appuy,
C'eſt d'elle que i'ay ſceu qu'vn amãt hypocrite
Feignant de m'adorer bruſle pour Hypolite,
D'elle i'ay ſceu les lieux où l'amour qui les ioint
Ce matin doit paſſer iuſques au dernier point,
Et pour m'obliger mieux, elle m'y doit cõduire
Si toſt que le Soleil commencera de luire.
Mais qu'elle eſt pareſſeuſe à me venir treuuer!
La dormeuſe m'oublie & ne ſe peut leuer,
Toutesfois ſans raiſon i'accuſe ſa pareſſe,
La nuict qui dure encor fait que rien ne la
     preſſe,
Ma ialouſe fureur, mon dépit, mon amour
Ont troublé mon repos auant le point du iour,
Mais elle qui n'en fait aucune experience,
Eſtant ſans intereſt, eſt ſans impatience.
Toy, que l'œil qui te bleſſe attend pour te guerir,
Eſueille toy, brigand, haſte-toy d'acquerir
Sur l'hõneur d'Hyppolite vne infame victoire,

Et de m'auoir trompée vne honteuse gloire,
Haste-toy, desloyal, de me fausser ta foy,
Le iour s'en va paraistre, affronteur, haste-toy.
Mais helas! cher ingrat, adorable pariure,
Ma timide voix tremble à te dire vne iniure,
Si i'escoute l'amour, il deuient si puissant,
Qu'en despit de Dorise il te fait innocent;
Ie ne sçay lequel croire, & i'ayme tant ce doute,
Que i'ay peur d'en sortir entrât dãs cette route;
Ie crains ce que ie cherche, & ie ne cognois pas
De plus grãd heur pour moy que d'y perdre mes
Ah mes yeux! si iamais vos naturels offices [pas.
A mon cœur amoureux firent de bons seruices,
Apprenez aujourd'huy quel est vostre deuoir,
Le moyen de me plaire est de me deceuoir:
Si vous ne m'abusez, si vous n'estes faussaires,
Vous estes de mon heur les cruels aduersaires,
Vn infidele encor regnant sur mon penser
Vostre fidelité ne peut que m'offencer,
Apprenez, apprenez par le traistre que i'ayme
Qu'il vous faut me trahir pour estre aimez de
    mesme.
Et toy, Pere du iour, dont le flambeau naissant

Va chasser mon erreur auecque le croissant,
S'il est vray que Thetis te reçoit dãs sa couche,
Prends, Soleil, prends encor deux baisers sur sa
    bouche,
Ton retour me va perdre, et retrãcher ton bien,
Prolonge en l'arrestant mon bonheur et le tien;
Puisqu'il faut qu'auec toy ce que ie crains éclate
Souffre qu'encor vn peu l'ignorance me flate.
Las! il ne m'entend point, & l'aube de ses rais
A desia reblanchy le haut de ces forets.
Si ie me peux fier à sa lumiere sombre
Dõt l'esclat impuißãt dispute auecque l'ombre,
I'entreuoy le sujet de mon ialoux ennuy,
Et quelqu'vn de ses gens qui conteste auec luy.
R'entre pauure Caliste, & te cache de sorte
Que tu puisses l'entendre à trauers cette porte.

ACTE I.
SCENE II.

ROSIDOR. LYSARQVE son Escuyer.

ROSIDOR.

CE deuoir, ou plustost cette importunité,
Au lieu de m'asseurer de ta fidelité,
Me prouue euidemment ta desobeïssance:
Laisse moy seul, Lysarque, vne heure en ma
   puissance,
Que retiré du monde & du bruit de la Cour,
Ie puisse dans le bois consulter mon amour,
Que là Caliste seule occupe mes pensées,
Et par le souuenir de ses faueurs passées
Asseure mon espoir de celles que i'attends,
Qu'vn entretien resueur durât ce peu de temps.
M'instruise des moyens de plaire à cette belle,
Allume dans mon cœur de nouueaux feux pour
En fin sans persister dans l'obstination   [elle,
Laisse moy suiure icy mon inclination.

A iij

LYSARQVE.

Cette inclination secrette qui vous mene
A me la desguiser vous donne trop de peine,
Il ne faut point, Monsieur, beaucoup l'examiner,
L'heure & le lieu suspects font assez deuiner
Qu'en mesme tẽps que vous s'eschappe quelque
Vous m'entendez assez.   [Dame:

ROSIDOR.

                    Iuge mieux de ma flame,
On ne verra iamais que ie manque de foy
A celle que i'adore, & qui n'ayme que moy.

LYSARQVE.

Bien que vous en ayez vne entiere asseurance,
Vous pouuez vous lasser de viure d'esperance,
Et tandis que l'attente amuse vos desirs
Prẽdre ailleurs quelquefois de solides plaisirs.

ROSIDOR.

Purge, purge d'erreur ton ame curieuse,
Qui par ces faux soupçons m'est trop iniurieuse,
Tant s'en faut que le change ait pour moy des
    appas,
Tant s'en faut qu'en ces bois il attire mes pas,
I'y vay, mais pourrois-tu le sçauoir & le taire?

LYSARQVE.

Monſieur, pour en douter que vous ay-ie peu
faire?

ROSIDOR.

Tu vas apprendre tout, mais auſſi l'ayant ſceu
Auiſe à ta retraite. Hier vn cartel receu
De la part d'vn riual,

SYLARQVE.

Vous le nommeZ?

ROSIDOR.

Clitandre.

LYSARQVE.

Et ce cartel contient?

ROSIDOR.

Que ſeul il doit m'attendre
Prés du cheſne ſacré, pour voir qui de nous deux
Merite d'embraſer Caliſte de ſes feux.

LYSARQVE.

De ſorte qu'vn ſecond,

ROSIDOR.

Sans me faire vne offence
Ne peut ſe preſenter à prendre ma defence,
Nous deuons ſeul à ſeul vuider noſtre debat.

A iiij

LYSARQVE.

Ne penſez pas ſans moy terminer ce combat,
L'Eſcuyer de Clitandre eſt homme de courage,
Il ſera trop heureux que mon deffy l'engage
A s'acquitter vers luy d'vn ſemblable deuoir,
Et ie vay de ce pas y faire mon pouuoir.

ROSIDOR.

Ta volonté ſuffit, va t'en donc, & deſiſte
De plus m'offrir vne ayde à meriter Caliſte.

LYSARQVE ſeul.

Vous obeïr icy me couſteroit trop cher,
Et ie ſerois honteux qu'on me peuſt reprocher
D'auoir ſceu le ſujet d'vne telle ſortie,
Sans treuuer les moyens d'eſtre de la partie.

ACTE I.

SCENE III.

CALISTE.   DORISE.

CALISTE seule.

QV'il s'en est bien deffait! qu'auec dexte-
rité
Sa fourbe se preuaut de son authorité!
Qu'il treuue vn beau pretexte en ses flames
esteintes,
Et que mon nom luy sert à colorer ses feintes!
Il y va cependant, le perfide qu'il est,
Hyppolite le charme, Hyppolite luy plaist,
Et ses traistres desirs l'emportent où l'appelle
Le cartel amoureux d'vne beauté nouuelle.
Ie n'en puis plus douter, mon feu desabusé
Ne tient plus le party de ce cœur desguisé.
Allons, ma chere sœur, allons à la vengeance,
Allons de ses douceurs tirer quelque allegeance,
Allons, & sans te mettre en peine de m'ayder,

Dori
tre.

Ne prends aucun soucy que de me regarder,
Pour en venir à bout il suffit de ma rage,
D'elle i'auray la force ainsi que le courage,
Et desia despouillant tout naturel humain
Ie laisse à ses transports à gouuerner ma main.
Vois tu comme suiuant de si furieux guides
Elle cherche desia les yeux de ces perfides,
Et comme de fureur tous mes sens animez
Menacent les appas qui les auoient charmez?

DORISE.

Modere ces bouillons d'vne ame colerée,
Ils sont trop violents pour estre de durée, [loing,
Pour faire quelque mal c'est frapper de trop
Reserue ton courroux tout entier au besoing,
Sa plus forte chaleur se dißipe en parolles,
Ses resolutions en deuiennent plus molles,
En luy donnant de l'air son ardeur s'allentit.

CALISTE.

Mais c'est à faute d'air que le feu s'amortit:
Allons, & tu verras qu'ainsi le mien s'allume,
Que par là ma douleur accroist son amertume,
Et qu'ainsi mon esprit ne fait que s'exciter
Aux desseins enragez qu'il veut executer.

DORISE seule.

Si ma ruse est enfin de son effect suiuie,
Ces desseins enragez te vont couster la vie:
Vn fer caché me donne en ces lieux sans secours
La fin de mes malheurs dans celle de tes iours;
Et lors ce Rosidor qui possede mon ame,
Cet ingrat qui t'adore & neglige ma flame,
Que mes affections n'ont encor sceu gaigner,
Toy morte, n'aura pl⁹ pour qui me desdaigner.

ACTE I.

SCENE IIII.

PYMANTE. GERONTE Escuyer
de Clitandre. LYCASTE Page
de Clitandre.

GERONTE.

EN ce déguisemẽt on ne peut no⁹ cognoistre,
Et sans doute bien tost le iour qui vient de
naistre,

Amene Rofidor feduit d'vn faux cartel
Aux lieux où cette main luy garde vn coup
 mortel.
Vos vœux fi mal receus de l'ingrate Dorife,
Qui le careffe autant comme elle vous mefprife,
Ne rencontreront plus aucun empefchement.
Mais ie m'eftonne fort de fon aueuglement,
Et ne puis deuiner quelle raifon l'oblige
A defdaigner vos feux pour vn qui la neglige.
Vous qui valez.

PYMANTE.

   Geronte au lieu de me flatter
Parlons du principal. Ne peut-il euenter
Noftre fupercherie?

GERONTE.

    Elle eft fi bien tiffuë,
Qu'il faut mãquer de fens pour douter de l'iffuë.
Clitandre aime Califte, & comme fon riual
Il a trop de fujet de luy vouloir du mal,
Moy que depuis dix ans il tient à fon feruice,
I'ay contrefait fon feing, & par cet artifice
Ce faux cartel encor que de ma main efcrit
Eft prefumé de luy.

PYMANTE.

Que ton subtil esprit
Sur tous ceux des mortels a de grãds auãtages:
Mais qui fut le porteur?

GERONTE.

Lycaste vn de ses Pages.

PYMANTE.

Celuy qui fait le guet auprés du rendez-vous?

GERONTE.

Luy mesme, & le voicy qui s'auance vers nous,
A force de courir il s'est mis hors d'haleine.

PYMANTE.

Et bien est-il venu?

LYCASTE.

N'en soyez plus en peine,
Il est où vous sçauez, & tout bouffy d'orgueil
Ne s'attend à rien moins qu'à son proche cer-

PYMANTE.   [cueil.

N'vsõs plus de discours, nos masques, nos espées.
Qu'il me tarde desia que dans son sang trẽpées
Elles ne me font voir à mes pieds estendu
Le seul qui sert d'obstacle au bonheur qui m'est
deu.

Ha! qu'il va bien treuuer d'autres gens que
    Clitandre!   [prendre?
Mais pourquoy ces habits? qui te les fait re-
LYCASTE en leur baillant chacun vn
    masque & vne espée.
Pour nostre seureté portons les auec nous,
De peur que cependãt que nous serõs aux coups
Quelque maraut cõduit par sa bõne aduenture
Les prenãt ne nous mette en mauuaise posture:
Quãd il faudra dõner, sans les perdre des yeux
Au pied du premier arbre ils seront beaucoup
                PYMANTE.   [mieux.
Prẽds en donc mesme soing apres la chose faite.
                LYCASTE.
Ie n'ay garde sans eux de faire ma retraite.
                PYMANTE.
Sus donc, chacun desia deuroit estre masqué,
Allons, qu'il tombe mort aussi tost qu'attaqué.

ACTE I.
SCENE V.

CLEON. LYSARQVE.

CLEON.

[rage

Reserue à d'autres fois cette ardeur de cou-
Quirĕd de ta valeur vn si grãd tesmoigna-
Ce duel que tu dis ne se peut conceuoir, [ge,
Tu parles de Clitandre, & ie le viens de voir
Que nostre ieune Prince amenoit à la chasse.

LYSARQVE.

En-es tu bien certain?

CLEON.

                    Ie l'ay veu face à face,
Sans doute qu'il en baille à tŏ maistre à garder.

LYSARQVE.

Il est trop genereux pour si mal proceder.

CLEON.

Ie sçay bien que l'honneur tout autrement ordonne;

Mais qui le retiẽdroit? Toutesfois ie soupçonne.

LYSARQVE.

Quoy? que soupçonnes tu?

CLEON.

Que ton maistre rusé
Auec vn faux cartel t'auroit bien abusé.

LYSARQVE.

Non, il parloit du cœur, ie cognois sa franchise.

CLEON.

S'il est ainsi, ie crains que par quelque surprise
Ce valeureux Seigneur sous le nombre abatu
Ne cede aux enuieux que luy fait sa vertu.

LYSARQVE.

A present il n'a point d'ennemis que ie sçache,
Mais quelque euenemẽt que le destin no⁹ cache,
Si tu veux m'obliger vien de grace auec moy,
Qu'ensemble nous donnions aduis de tout au
Roy.

ACTE I.

ACTE I.

SCENE VI.

CALISTE. DORISE.

*CALISTE cependant que Dorise
s'arreste à chercher derriere vn buisson.*

*MA sœur, l'heure s'auāce, & nous serons
     à peine
Si nous ne retournons, au leuer de la Reyne,
Ie ne voy point mõ traistre, Hyppolite non plus.
DORISE tirant vne espée de derriere ce
     buisson, & saisissant Caliste.*
*Voicy qui va trancher tels soucis superflus,
Voicy dont ie vay rendre en te priuant de vie,
Ma flame bien-heureuse et ma haine assouuie.*

CALISTE.

Toutbeau, toutbeau ma sœur, tu veux m'espou-

DORISE.   [uanter.

Dy que dedans ton sang ie me veux contenter.

B

CALISTE.

Laiſſè, laiſſe la feinte, & mettons ie te prie
A les trouuer bien toſt toute noſtre induſtrie.

DORISE.

Va, va, ne ſonge plus à leurs fauſſes amours
Dõt le recit n'eſtoit qu'vne embuche à tes iours:
Roſidor t'eſt fidelle, & cette feinte amante
Bruſle auſſi peu pour luy que ie fais pour Py-

CALISTE.   [mante.

Deſloyalle, ainſi donc ton courage inhumain

DORISE.

Ces iniures en l'air n'arreſtent point ma main.

CALISTE.

Le reproche eternel d'vne action ſi laſche

DORISE.

Agreable touſiours n'aura rien qui me faſche.

CALISTE.

T'ay-ie donc peu ma ſœur deſplaire en quelque

DORISE.   [point?

Ouy, puiſque Roſidor t'aime, et ne m'aime point,
C'eſt aſſez m'offencer que d'eſtre ma riuale.

ACTE I.

SCENE VII.

ROSIDOR. PYMANTE. GERONTE. LYCASTE. CALISTE. DORISE.

Comme Dorife eft prefte de tuer Califte, vn
bruit entendu luy fait releuer fon efpée, & Rofidor paroift tout en fang pourfuiuy par ces trois
affaffins mafquez.   En entrant il tuë Lycafte, &
retirant fon efpée elle fe rompt contre la branche
d'vn arbre. En cette extremité il voit l'efpée que
tient Dorife, & fans la recognoiftre il s'en faifit, &
paffe tout d'vn temps le tronçon qui luy reftoit
de la fienne en la main gauche, & fe defend ainfi
contre Pymante & Geronte, dont il tuë le dernier & met l'autre en fuite.

ROSIDOR.

MEurs brigand, ah malheur! cette bran-
che fatale
A rompu mon efpée, affaffins. Toutefois
I'ay de quoy me defendre vne feconde fois.

DORISE laissant Caliste, & s'enfuyant.

N'est-ce pas Rosidor qui m'arrache les armes?
Las! qu'il me va causer de perils & de larmes!
Fuy Dorise, & fuyant laisse toy reprocher
Que tu fuis aujourd'huy ce qui t'est le plus cher.

CALISTE.

C'est luy mesme de vray. Rosidor ah! ie pâme,
Et la peur de sa mort ne me laisse point d'ame.
Adieu, mon cher espoir.

ROSIDOR apres auoir tué Geronte.

Cestuy-cy despesché
C'est de toy maintenãt que i'auray bon marché
Nous sommes seul à seul. Quoy! ton peu d'as-
    seurance
Ne met pl⁹ qu'en tes pieds sa derniere esperance?
Marche, sans emprunter d'aisles de ton effroy,
Ie ne cours point apres de tels coquins que toy,
Il suffit de ces deux. Mais qui pourroiẽt ils estre?
Ah ciel, le masque osté me les fait trop cognoistre
Le seul Clitandre arma contre moy ces voleurs,
Cestuy-cy fut tousiours vestu de ses couleurs,
Voila son Escuyer, dont la pasleur exprime
Moins de traits de la mort que d'horreurs de
    son crime,

Et i'ose presumer auec iuste raison
Que le tiers est sans doute encor de sa maison.
Traistre, traistre riual, crois-tu que ton absence
Donne à tes laschetez quelque ombre d'inno-
    cence,
Et qu'apres auoir veu renuerser ton dessein
Vn desadueu desmëte & tes gens & ton seing?
Ne le presume pas, sans autre coniecture
Ie te rends conuaincu de ta seule escriture,
Si tost que i'auray peu faire ma plainte au Roy.
Mais quel piteux objet se vient offrir à moy?
Traistres auriez-vo⁹ fait sur vn si beau visage
Attendant Rosidor l'essay de vostre rage?
C'est ma chere Caliste, ah Dieux! iniustes Dieux
Ainsi donc pour mõstrer ce spectacle à mes yeux
Vostre faueur cruelle a conserué ma vie?
Ie n'en veux point chercher d'autheurs que
    vostre enuie,
La nature qui perd ce qu'elle a de parfait,
Sur tout autre que vous eust vangé ce forfait,
Et vo⁹ eust accablez si vo⁹ n'estiez ses maistres.
Vo⁹ m'enuoyés en vain ce fer cõtre des traistres,
Scachez que Rosidor mandit vostre secours,

Vous ne meritez pas qu'il vous doine ses iours.
Vnique Deïté qu'à present ie reclame,
Belle ame, viens ayder à sortir à mon ame,
Reçoy la sur les bords de ce pasle coral,   [mal
Fay qu'en despit des Dieux qui nous traittent si
Nos esprits r'assemblez hors de leur tyrannie
Gouftent là bas vn bien qu'icy l'on nous dénie.
Tristes embrassements, baisers mal respondus,
Pour la premiere fois donnez, & non rendus,
Helas ! quand mes douleurs me l'ont presques
     rauie,   [vie;
Tous glacez & tous morts vous me rendez la
Cruels, n'abusez plus de l'absolu pouuoir
Que dessus to⁹ mes sens l'amour vo⁹ fait auoir,
N'ẽployez qu'à ma mort ce souuerain empire,
Ou bien me refusant le trespas où i'aspire,
Laissez faire à mes maux, ils me viennẽt l'offrir
Ne me redonnez plus de force à les souffrir.
Califte auprés de toy la mort m'est interdite,
Si ie te veux reioindre, il faut que ie te quitte,
Adieu, pour vn moment consent à ce depart.
Sus ma douleur acheue, icy que de sa part
Ie n'ay pl⁹ de secours, ny toy plus de côtraintes,

Porte moy dans le cœur tes plus viues atteintes,
Et pour la bien punir de m'auoir ranimé
Deschire son portrait que i'y tiens enfermé,
Et vous qui me restez d'vne troupe ennemie,
Pour marques de ma gloire, & de son infamie,
Blessures, despeschez d'eslargir vos canaux,
Par où mõ sang emporte et ma vie et mes maux.
Ha! pour l'estre trop peu, blessures trop cruelles,
De peur de m'obliger vous n'estes pas mortelles.
Hé quoy! ce bel obiet, mon aymable vainqueur,
Auoit il seul le droit de me blesser au cœur?
Et d'où viẽt que la mort à qui tout fait hõmage
L'ayant si mal traicté respecte son image?
Noires diuinitez, qui tournez mon fuseau,
Vous faut-il tant prier pour vn coup de ciseau?
Insensé que ie suis! en ce malheur extreme
Ie demande la mort à d'autres qu'à moy mesme,
Aueugle, ie m'arreste à supplier en vain,
Et pour me contenter i'ay dequoy dans la main.
Il faut rendre ma vie au fer qui l'a sauuée,
C'est à luy qu'elle est deuë, il se l'est reseruée,
Et l'hõneur quel qu'il soit de finir mes malheurs
C'est pour me le dõner qu'il l'oste à des voleurs.

B iiij

Pouſſős donc hardiment. Mais helas! cette eſpée
Coulant entre mes doigts laiſſe ma main trőpée,
Et ſa lame timide à procurer mon bien,
Au ſang des aſſaſsins n'oſe meſler le mien,
Ma foibleſſe importune à mon treſpas s'oppoſe,
En vain ie m'y reſous, en vain ie m'y diſpoſe,
Mon reſte de vigueur ne peut l'effectuer,
I'en ay trop pour mourir, trop peu pour me tuer,
L'vn me mãque au beſoin, & l'autre me reſiſte.
Mais inſenſiblement ie retrouue Caliſte,
Ma langueur m'y reporte, & mes genoux tremblants
Y conduiſent l'erreur de mes pas chancelants.
Adorable ſujet de mes flames pudiques, [ques,
Dont ie trouue en mourant les aimables reli-
Ceſſe de me preſter vn ſecours inhumain,
Ou ne donne du moins des forces qu'à ma main
Qui m'arrache aux tourmẽts que ton malheur me liure, [viure.
Donne m'en pour mourir comme tu fais pour
Quel miracle ſuccede à mes triſtes clameurs!
Caliſte ſe ranime autant que ie me meurs.
Voyez, Dieux inhumains, que malgré voſtre enuie

L'amour luy sçait donner la moitié de ma vie,
Qu'vne ame deformais suffit à deux amants.

CALISTE.   [ments?

Helas ! qui me rappelle à de nouueaux tour-
Rosidor n'estât plus qu'ay-ie affaire en ce mon-

ROSIDOR.   [de?

O merueilleux effet d'vne amour sans seconde!

CALISTE.

Execrable assassin qui rougis de son sang,   Ell
Despesche comme à luy de me percer le flanc,   del
Prends de luy ce qui reste, acheue.   & l
                                                   poi
ROSIDOR.   ses

                              Quoy! ma belle,
Contrefais-tu l'aueugle afin d'estre cruelle?

CALISTE.

Pardonne moy, mon cœur, encor pleine d'effroy   Ell
Ie ne t'ay mescognu qu'en songeant trop à toy,   à fo
I'auois si bien logé là dedans ton image,
Qu'elle ne vouloit pas ceder à ton visage,
Mon esprit glorieux, & ialoux de l'auoir
Enuioit à mes yeux le bonheur de te voir.

ROSIDOR.   [ses

Puisqu'vn si doux appas se treuue en tes rudes-

Que ferôt tes faueurs, que feront tes careſſes?
Tu me fais vn outrage à force de m'aymer
Dont la douce rigueur ne ſert qu'à m'enflamer.
Mais ſi tu peux ſouffrir qu'auec toy, ma chere
　ame,
Ie tienne des diſcours autres que de ma flame,
Permets que t'ayant veuë en cette extremité
Mon amour laiſſe agir ma curioſité
Pour ſçauoir quel malheur te met en ce bocage.

CALISTE.

Allons premieremēt iuſqu'au prochain village
Où ces bouillons de ſang ſe puiſſent eſtancher,
Et là ie te promets de ne te rien cacher.
Aux charges qu'à mõ tour auſſi l'on m'entre-

ROSIDOR.　　　　[tienne.

Allons, ma volonté n'a de loy que la tienne,
Et l'amour par tes yeux deuenu tout puiſſant
Rend deſia la vigueur à mon corps languiſſant.

CALISTE.

Il forme tout d'vn temps vn ayde à ta foibleſſe,
Puiſqu'il fait que la mienne auprés de toy me
　laiſſe,
Si bien que la brauãt ta maiſtreſſe aujourd'huy
N'aura que trop de force à te ſeruir d'appuy.

ACTE SECOND.

SCENE PREMIERE.

PYMANTE.

DEstins qui reglez tout au gré de vos
    caprices,   [malices,
C'est donc moy sans raison qu'attaquent vos
Et trouuent à leurs traits si long temps retenus
Pour mieux frapper leur coup des chemins in-
    conus?
Dites, que vous ont fait Rosidor, ou Pymante,
Fournissez de raison, destins, qui me desmente,
Dites ce qu'ils ont fait qui vous peut esmouuoir
A partager si mal entr'eux vostre pouuoir?
Luy rendre contre moy l'impossible possible
C'est le fauoriser par miracle visible,
Tandis que vostre haine a pour moy tãt d'excés
Qu'vn dessein infaillible auorte sans succés.
Sans succés! c'est trop peu, vo⁹ auez voulu faire
Qu'vn dessein infaillible eust vn succés cõtraire.

Dieux! vous presidez donc à leur ordre fatal,
Et vous leur permettez ce mouuement brutal:
Ie ne veux plus vous rendre aucune obeïssance,
Si vous auez là haut quelque toutepuissance,
Ie suis seul contre qui vous vouliez l'exercer,
Vous ne vous en seruez que pour me trauerser.
Ie peux en seureté desormais vous desplaire,
Comment me puniroit vostre vaine colere,
Vous m'auez fait sentir tant de malheurs di-
Que le sort espuisé n'a plus aucun reuers? [uers
Rosidor nous a veus, & n'a pas pris la fuite,
A grand'peine en fuyant moy mesme ie l'euite,
Loing de laisser la vie il a sceu l'arracher,
Loing de ceder au nombre, il l'a sceu retrancher,
Toute vostre faueur à son ayde occupée
Trouue à le mieux armer en rompant son espée,
Et resaisit ses mains par celles du hazard,
L'vne d'vne autre espée, & l'autre d'vn poi-
  gnard.
O honte! ô creuecœur! ô desespoir! ô rage!
Ainsi donc vn riual pris à mon auantage
Ne tombe dans mes rets que pour les deschirer,
Son bonheur qui me braue, & l'en vient retirer

Luy donne sur mes gens vne prompte victoire,
Et fait de son peril vn sujet de sa gloire.
Retournons animez d'vn courage plus fort,
Retournons, & du moins perdons nous dans sa
   mort.

Sortez de vos cachots infernales furies,
Apportez à m'aider toutes vos barbaries,
Qu'auec vo⁹ tout l'enfer m'assiste en ce dessein,
Qu'vn sanglant desespoir me verse dans le sein,
I'auois de point en point l'entreprise tramée
Côme dans mon esprit vous me l'auiez formée,
Mais contre Rosidor tout le pouuoir humain
N'a que de la foiblesse, il y faut vostre main.
En vain, cruelles sœurs, ma fureur vo⁹ appelle,
La terre vous defend d'embrasser ma querelle,
Et son flanc vous refuse vn passage à sortir.
Terre creue toy donc afin de m'engloutir,
N'attends pas que Mercure auec son caducée
Me face de ton sein l'ouuerture forcée,
N'attẽds pas qu'vn supplice auec ses cruautez
Adiouste l'infamie à tant de laschetez,
Destourne de mon chef ce comble de misere,
Rends moy le preuenant vn office de mere.

Mes cris s'en vôt en l'air, et s'y perdët sans fruit,
Dedans mon desespoir tout me fuit, ou me nuit,
La terre n'entëd point la douleur qui me presse,
Le Ciel me persecute, & l'enfer me delaisse.
Affronte les Pymäte, & malgré leurs complots
Conserue ton vaisseau dans la rage des flots,
Accablé de malheurs, & reduit à l'extreme
Si quelque espoir te reste il n'est pl⁹ qu'ë toy mes-
Passe pour villageois dedãs ce lieu fatal,   [me,
Et reseruant ailleurs la mort de ton riual [rence
Fay que d'vn mesme habit la trompeuse appa-
Qui le mit en peril, te mette en asseurance.
Mais ce masque l'ëpesche, et me viët reprocher
Vn crime qu'il descouure au lieu de me cacher,
Ce damnable instrumët de mõ traistre artifice
Apres mõ coup mãqué n'en est plus que l'indice,
Et ce fer qui tantost inutile en mon poing
Ainsi que ma valeur me faillant au besoing
Sceut si mal attaquer, & plus mal me defendre,
N'est propre desormais qu'à me faire surprëdre:
Allez tesmoins hõteux de mes lasches forfaits,
N'en produisez nõ plus de soupçõs que d'effets,
Cessez de m'accuser, vous doit il pas suffire

De m'auoir mal seruy? c'est trop que de me nuire
Allez retirez-vous dans ces obscuritez,
Ainsi ie pourray voir le iour que vous quittez,
Ainsi n'ayant plus rien qui desmente ma feinte
Dedãs cette forest ie marcheray sans crainte,
Tant que

Il ie
masc
son
dans
uern

ACTE II.

SCENE II.

LYSARQVE. Troupe d'Archers.
PYMANTE.

LYSARQVE.

Mon grand amy.

PYMANTE.

Monsieur.

LYSARQVE.   Viença, dy nous,
N'as tu point icy veu deux Caualiers aux

PYMANTE.   [coups?

Non Monsieur.

LYSARQVE.

Ou l'vn d'eux se sauuer à la fuite?

PYMANTE.

Non, Monsieur.

LYSARQVE.

Ny passer dedans ces bois sans suite?

PYMANTE.

Attendez, il y peut auoir quelques huict iours

LYSARQVE.

Ie parle d'aujourd'huy, laisse la ces discours,
Respons precisément.

PYMANTE.

        I'arriue tout à l'heure,
Et de peur que ma fĕme en son trauail ne meu-
Ie cherche   [re

1. ARCHER.

Allons, Monsieur, donnons iusques au lieu,
Nous perdons nostre temps..

LYSARQVE.

        Adieu, compere, adieu.

PYMANTE seul.

Cet adieu fauorable enfin me rend la vie
Que tant de questions m'auoient presque rauie:
Cette troupe d'archers aueugles en ce point,
Treuue ce qu'elle cherche, et ne s'en saisit point,
                      Bien

Bien que leur cõducteur dõne assez à cognoistre
Qu'ils võt pour arrester l'ẽnemy de son maistre,
I'eschappe neantmoins en ce pas hazardeux
D'aussi prés de la mort comme ie l'estois d'eux.
Que i'ayme ce peril dont la douce menace
Promettoit vn orage & se tourne en bonace,
Ce peril qui ne veut que me faire trembler,
Ou plustost qui se monstre, & n'ose m'accabler!
Qu'à bonne heure deffait d'vn masque &
   d'vne espée,
I'ay leur credulité sous ces habits trompée,
De sorte qu'à present deux corps desanimez
Termineront l'exploit de tant de gens armez,
Corps qui gardent tous deux vn naturel si
   traistre   [maistre,
Qu'encor apres leur mort ils vont trahir leur
Et le faire l'autheur de cette lascheté
Pour mettre à ses despens Pymante en seureté.
Ie n'ay dans mes forfaits rien à craindre, &
   Lysarque   [que,
Sãs trouuer mes habits n'en peut auoir de mar-
Que s'il ne les voit pas, lors sans aucun effroy
Eux repris, ie retourne aussi tost vers le Roy,

C

Où ie veux regarder auec effronterie
Clitandre conuaincu de ma supercherie.

ACTE II.

SCENE III.

LYSARQVE.　Troupe d'Archers.

LYSARQVE.

gar-
es
de
te &
aste.

CEla ne suffit pas, il faut chercher encor,
Et trouuer s'il se peut Clitãdre, ou Rosidor.
Amis, sa Majesté par ma bouche auertie
Des soupçons que i'auois touchant cette partie,
Voudra sçauoir au vray ce qu'ils sont deuenus.

2. ARCHER.

Pourroit-elle en douter? ces deux corps reconus
Font trop voir le succés de toute l'entreprise.

LYSARQVE.

Et qu'en presumes-tu?

2. ARCHER.

Que malgré leur surprise,
Leur nõbre auantageux, & leur desguisement,
Rosidor de leurs mains se tire heureusement.

LYSARQVE.

Ce n'est qu'en me flattant que tu te le figures,
Pour moy ie n'en conçoy que de mauuais augu-

2. ARCHER.   res.

Et quels?

LYSARQVE.

Qu'auant mourir par vn vaillant effort
Il en aura fait deux compagnons de sa mort.

2. ARCHER.

Mais où seroit son corps?

LYSARQVE.

Au creux de quelque roche,
Où les traistres voyant nostre troupe si proche,
N'auront pas eu loisir de mettre encor ceux cy,
De qui l'aspect nous rẽd tout le crime esclaircy.

1. ARCHER.

Mõsieur, cognoissez vous ce fer et cette garde?

LYSARQVE.

Donne moy que ie voye: ouy, plus ie les regarde
Plus i'ay par eux d'aduis du deplorable sort
D'vn maistre qui n'a peu s'en dessaisir que mort.

1. ARCHER.

Monsieur auec cela i'ay veu dans cette route

C ij

Des pas meslez de sang distillé goute à goute,
Dont les traces vont loing.

LYSARQVE.

                          Suiuons à tous hazards.
Vous autres enleueZ les corps de ces pendards.

s le bois, & le reste des Archers reportent à la Cour les corps
ite, & de Lycaste.

ACTE II.

SCENE IIII.

LE PRINCE. CLITANDRE.
PAGE du Prince. CLEON.

LE PRINCE.

CE *cheual trop fougueux m'incommode à*
      la chasse,
Tien m'en vn autre prest, tãdis qu'en cette place
A l'ombre des ormeaux l'vn dãs l'autre enlacez
Clitandre m'entretient de ses trauaux passez.
Qu'au reste les veneurs allant sur leurs brisées
Ne forcent pas le cerf s'il est aux reposées,

Qu'ils prennent cognoissance, & pressent mol-
  lement,   [dement.
Sans le donner aux chiens qu'à mon cõman-
Acheue maintenant l'histoire commençée
De ton affection si mal recompensée.

CLITANDRE.

Ce recit ennuyeux de ma triste langueur,
Mon Prince, ne vaut pas le tirer en longueur,
J'ay tout dit en vn mot, cette fiere Caliste
Dans ses cruels mespris incessamment persiste,
C'est tousiours elle mesme, & sous sa dure loy
Tout ce qu'elle a d'orgueil se reserue pour moy,
Cependant qu'vn riual, ses plus cheres delices,
Redouble ses plaisirs en voyant mes supplices.

LE PRINCE.

Ou tu te plains à faux, ou puissamment épris
Ton courage demeure insensible aux mespris,
Et ie m'estonne fort cõme ils n'ont dans ton ame
Restably ta raison, ou dissipé ta flame.

CLITANDRE.

Quelques charmes secrets meslez dans ses rigueurs
Estouffent en naissant la reuolte des cœurs,

C iij

Et le mien auprés d'elle à quoy qu'il se dispose
Murmurant de son mal en adore la cause.

LE PRINCE.

Mais puisque son desdain au lieu de te guerir
R'anime tes ardeurs qu'il deust faire mourir,
Sers toy de mon pouuoir, en ma faueur la Reine
Tient, et tiendra tousiours Rosidor en haleine:
Mais son commãdement dans peu si tu le veux
Te met à ma priere au comble de tes vœux.
Auise donc, tu sçais qu'vn fils peut tout sur elle.

CLITANDRE.

Malgré tous les mespris de cette ame cruelle
Dont vn autre a charmé les inclinations,
Le respect que ie porte à ses perfections
M'empesche d'employer aucune violence.

LE PRINCE.

L'amour sur le respect emporte la balance.

CLITANDRE.

Ie brusle, et le bonheur de vaincre ses froideurs
Ie ne le veux deuoir qu'à mes chastes ardeurs,
Ie ne la veux gaigner qu'à force de seruices.

LE PRINCE.   [ces.
Tandis tu veux donc viure en d'eternels suppli-

CLITANDRE.

Tandis ce m'est assez qu'vn riual preferé
N'obtient non plus que moy le succés esperé:
A la longue ennuyez, la moindre negligence
Pourra de leurs esprits rompre l'intelligence,
Vn têps bien pris alors me dõne en vn moment
Ce que depuis trois ans ie poursuy vainement.
Mon Prince trouuez bon

LE PRINCE.

                    N'en dy pas dauantage,
Cettuy-cy qui me vient faire quelque message
Apprendroit malgré toy l'estat de tes amours.

CLEON.

Pardonnez, Monseigneur, si ie romps vos dis-
    cours,
C'est en obeïssant au Roy qui me l'ordonne,
Et rappelle Clitandre auprés de sa personne.

LE PRINCE.

Clitandre?

CLEON.

Ouy Monseigneur.

LE PRINCE.

                    Et que luy veut le Roy?

C iiij

Cleo-
tre.

CLEON.

[moy.

Monseigneur, ses secrets ne s'ouurent pas à

LE PRINCE.

Ie n'en sçay que penser, & la cause incertaine
De ce commãdement tient mon esprit en peine.
Le moyen, cher amy, que ie te laisse aller
Sans sçauoir les motifs qui te font r'appeller?

CLITANDRE.

C'est à mon iugemẽt quelque prõpte entreprise,
Dont l'execution à moy seul est remise,
Mais quoy que là dessus i'ose m'imaginer,
C'est à moy d obeïr sans rien examiner.

LE PRINCE.

I'y consens à regret, va, mais qu'il te souuienne
Combien le Prince t'aime, & quoy qu'il te sur-
uienne,
Que i'en sçache aussi tost toute la verité,
Iusques là mon esprit n'est qu'en perplexité.
Ce cor m'appelle, adieu, toute la chasse preste
N'attend que ma presence à relancer la beste.

ACTE II.
SCENE V.

DORISE.

ACheue malheureuſe, acheue de veſtir
Ce que ton mauuais ſort laiſſe à te ga-
rentir,
Si de tes trahiſons la ialouſe impuiſſance
Sçeut dõner vn faux crime à la meſme innocẽce,
Recherche maintenant par vn plus iuſte effet
Vne fauſſe innocence à cacher ton forfait.
Quelle honte importune au viſage te monte
Pour vn ſexe quitté dont tu n'es que la honte?
Il t'abhorre luy meſme, & ce deſguiſement
En le deſaduouant l'oblige infiniment,
Apres auoir perdu ſa douceur naturelle
Deſpouille ſa pudeur qui te meſſied ſans elle,
Deſrobe tout d'vn temps par ce crime nouueau
Et l'autre aux yeux du monde, & ta teſte au
bourreau,
Si tu veux empeſcher ſa perte ineuitable.

Deuien plus criminelle, & paroy moins coul-
Par vne fausseté tu tombes en danger, [pable,
Par vne fausseté sçache t'en desgager.
Fausseté detestable où me viens-tu reduire?
Honteux desguisement où me vas tu conduire?
Icy de tous costez l'effroy suit mon erreur,
Et ie suis à moy-mesme vne nouuelle horreur:
Cet insolent objet de Caliste eschappée
Tient & braue tousiours ma memoire occupée.
Encor si son trespas secondant mon desir　[sir,
Mesloit à mes douleurs l'ombre d'vn faux plai-
Mais helas! dans l'excés du malheur qui m'op-
　　prime
Il ne m'est point permis de iouyr de mon crime,
Mon ialoux aiguillon de sa rage seduit
En merite la peine, & n'en a pas le fruit,
Le Ciel qui contre moy soustient mon ennemie
Augmente son honneur dedans mon infamie.
N'importe, Rosidor de mon dessein failly
A de quoy mal mener ceux qui l'ont assailly,
Sa valeur inutile en sa main desarmée
Sans moy ne viuroit plus que chez la renõmée.
Ainsi rien desormais ne pourroit m'enflamer

N'ayant plus que haïr ie n'aurois plus qu'ai-
  mer.

Fascheuse loy du sort qui s'obstine à ma peine!
Ie sauue mon amour, & ie manque à ma haine,
Ces contraires succés demeurant sans effet
Font naistre mõ malheur de mõ heur imparfait.
Toutesfois l'orgueilleux pour qui mon cœur sou-
  spire   [spire,
D'vn autre que de moy ne tient l'air qu'il re-
Il m'en est redeuable, & peut estre qu'vn iour
Cette obligation produira quelque amour.
Dorise, à quels pensers ton espoir se raualle?
S'il vit par ton moyen c'est pour vne riuale,
N'attends plus, n'attends plus que haine de sa
  part,
L'offence vint de toy, le secours du hazard,
Malgré les vains efforts de ta ruse traistresse
Le hazard par tes mains le rẽd à sa maistresse,
Ce peril mutuel qui conserue leurs iours
D'vn contrecoup egal va croistre leurs amours.
Heureux couple d'amants que le destin aßẽble,
Qu'il expose en peril, qu'il en retire ensemble,

ACTE II.

SCENE VI.

PYMANTE.   DORISE.

PYMANTE.

O Dieux ! voicy Geronte, & ie le croyois
    mort,
Malheureux compagnon de mon funeſte ſort.

DORISE.

Ton œil t'abuſe, helas ! miſerable, regarde
Qu'au lieu de Roſidor ton erreur me poignarde.

PYMANTE.

Ne crains pas, cher amy, ce funeſte accident,
Ie te cognois aſſez, ie ſuis. Mais imprudent
Où m'alloit engager mon erreur indiſcrete ?
Monſieur pardõnez moy la faute que i'ay faite,
Vn berger d'icy prés a quitté ſes brebis
Pour s'en aller au cãp preſqu'en pareils habits,
Et d'abord vous prenãt pour ce mien camarade
Mes ſens d'aiſe aueuglez ont fait cette eſcapa-
    de :

Ne craignés point au reste vn pauure villageois
Qui seul & desarmé cherche dedans ces bois
Vn bœuf piqué du taon, qui brisant nos closages
Hier sur le chaud du iour s'enfuit des pastura-
ges: [penser
M'en apprendrez vous rien, Monsieur ? i'ose
Que par quelque hazard vo⁹ l'aurez veu pas-
                D O R I S E.   [ser.
Non, ie ne te sçaurois rien dire de ta beste.
                P Y M A N T E.
Monsieur, excusez donc mon inciuile enqueste,
Ie vay d'autre costé tascher à la reuoir,
Disposez librement de mon petit pouuoir.
                D O R I S E.
Amy, qui que tu sois, si ton ame sensible
A la compassion se peut rendre accessible,
Vn ieune Gentilhomme implore ton secours,
Prends pitié de mes maux, & durant quelques
    iours
Tien moy dans ta cabane, où bornât ma retrai-
Ie rencontre vn azile à ma fuite secrete.   [te
                P Y M A N T E.
Tout lourdaut que ie suis en ma rusticité

Ie voy bien quand on rit de ma simplicité,
Ie vay chercher mõ bœuf, laißés moy ie vo⁹ prie
Et ne vous moquez plus de mon peu d'induſtrie.

DORISE.

Helas! & pleuſt aux Dieux que mõ affliction
Fuſt seulement l'effet de quelque fiction,
Mon grand amy de grace accorde ma priere.

PYMANTE.

Il faudroit donc vn peu vous cacher là derriere,
Quelques mugiſſemens entendus de là bas
Me font en ce vallon hazarder quelques pas,
I'y cours, & vous rejoints.

DOR. Souffre que ie te ſuiue.

PYMANTE.

Vous me retarderiez, Monſieur hõme qui viue
Ne peut à mon égal broſſer dans ces buiſſons.

DORISE.

Non non, ie courray trop.

PYM. Que voila de façons,

Mõſieur, resolués vo⁹, choiſiſſés l'vn ou l'autre,
Ou faites ma demande, ou i'esconduy la voſtre.

DORISE.

Bien donc ie t'attendray.

PYM.   *Cette touffe d'ormeaux*
Aisémēt vous pourra couurir de ses rameaux.
En fin graces au Ciel ayant sceu m'en deffaire,   Il es
Ie puis seul aduiser à ce que ie dois faire.
Qui qu'il soit, il a veu Rosidor attaqué,
Et sçait asseurément que nous l'auons manqué:
N'en estāt point cognu ie n'en ay riē à craindre
Puisqu'ainsi desguisé tout ce que ie veux feindre
Sur son esprit credule obtient vn tel pouuoir.
Toutesfois plus i'y songe, & plus ie pense voir
Par quelque grand effet de vengeance diuine
En ce foible tesmoin l'autheur de ma ruine,
Son indice douteux, pour peu qu'il ait de iour,
N'esclaircira que trop mon forfait à la Cour.
Simple! i'ay peur encor que ce malheur m'auiē-
Et ie puis euiter ma perte par la sienne,   [ne,
Et mesmes on diroit qu'vn antre tout exprés
Me garde mon espée au fond de ces forests,
C'est en ce lieu fatal qu'il me le faut conduire,
C'est là qu'vn heureux coup l'empesche de me
Ie ne m'y peux resoudre, vn reste de pitié [nuire,
Violente mon cœur à des traits d'amitié,
En vain ie luy resiste, & tasche à me defendre

D'vn ſecret mouuemēt que ie ne puis cōprendre,
Son aage, ſa beauté, ſa grace, ſon maintien
Forcent mes ſentimens à luy vouloir du bien,
Et l'air de ſon viſage a quelque mignardiſe
Qui ne tire pas mal à celle de Doriſe.
Ha! que tant de malheurs m'auroient fauoriſé
Si c'eſtoit elle meſme en habit deſguisé:
I'en paſme deſia d'aiſe, & mon ame rauie
Abandonne le ſoin du reſte de ma vie,
Ie ne ſuis plus à moy quandie viens à penſer
A quoy l'occaſion me pourroit diſſenſer;
Quoy qu'il en ſoit, voyant tant de ſes traits en-
Ie porte du reſpect à ce qui luy reſſēble. [ſemble
Miſerable Pymante, ainſi donc tu te perds?
Encor qu'il tienne vn peu de celle que tu ſers,
Eſtouffe ce teſmoin pour aſſeurer ta teſte:
S'il eſt comme il le dit battu d'vne tempeſte,
Au lieu qu'en ta cabane il cherche quelque port,
Fay qu'en cette cauerne il rencontre ſa mort.
Modere toy, Pymante, & pluſtoſt examine
Sa parole, ſon teint, & ſa taille, & ſa mine,
Si c'eſt Doriſe, alors reuoque cet arreſt,
Sinon, que la pitié cede à ton intereſt.

ACTE III.

ACTE TROISIESME.

SCENE PREMIERE.

LE ROY.   ROSIDOR.
VN PREVOST.

LE ROY.

L'Admirable rencontre à mon ame ra-
    uie,
De voir que deux amãts s'entredoiuent la vie,
De voir que ton peril la tire de danger,
Que le sien te fournit de quoy t'en desgager,
Qu'en deux desseins diuers pareille ialousie,
Mesme lieu contre vous, & mesme heure a
    choisie,
Et que l'heureux malheur qui vous a menacez,
Auec tant de iustesse a ses temps compassez:
ROSIDOR.
Sire, adioustez du Ciel l'occulte prouidence,

D

Sur deux amants il verse vne mesme influence,
Ee comme l'vn par l'autre il a sceu nous sauuer
Il semble l'vn pour l'autre exprés nous cõseruer.

LE ROY.

Ie t'entends Rosidor, par là tu me veux dire
Qu'il faut qu'auec le Ciel ma volonté conspire,
Et ne s'oppose pas à ses iustes decrets
Qu'il viẽt de tesmoigner par tant d'auis secrets.
Et biẽ, ie veux moy mesme en parler à la Reine
Elle se flechira, ne t'en mets pas en peine,
Acheue seulement de me rendre raison
De ce qui t'arriua depuis sa pasmoison.

ROSIDOR.

Sire, vn mot desormais suffit pour ce qui reste.
Lysarque & vos Archers depuis ce lieu funeste
Se laisserent conduire aux traces de mon sang
Qui durant le chemin me degouttoit du flanc,
Et me trouuant en fin dessous vn toit rustique
Admirerent l'effet d'vne amitié pudique
Me voyant appliquer par ce ieune Soleil
D'vn peu d'huile, & de vin le premier appareil
En fin quand pour bander ma derniere blessure
La belle eut prodigué iusques à sa coiffure,

Leurs bras officieux m'ont icy rapporté
Pour en faire ma plainte à vostre Majesté:
Non pas que ie souspire apres vne vangeance
Qui ne me peut dōner qu'vne fausse allegeance,
Le Prince ayme Clitandre, & mon respect con-
Que son affection le declare innocent.   [sent
Mais si quelque pitié d'vne telle infortune [tune
V o⁹ touche, & peut souffrir que ie vous impor-
Ostant par vn Hymen l'espoir à mes riuaux
Sire, vous taririez la source de nos maux.

LE ROY.

Tu fuis à te vanger, l'objet de ta maistresse
Fait qu'vn tel desir cede à l'amour qui te presse,
Aussi n'est-ce qu'à moy de punir ces forfaits
Et de mōstrer à tous par de puissants effets, [me
Qu'attaquer Rosidor c'est se prēdre à moymes-
Tāt ie veux que chacun respecte ce que i'ayme,
Je le feray bien voir.   Quand ce perside tour
Auroit eu pour objet le moindre de ma Cour,
Ie deurois au public par vn honteux supplice
De telles trahisons l'exemplaire iustice,
Mais Rosidor surpris, & blessé comme il est
A mon deuoir de Roy ioint mon propre interest.

D ij

Ie luy feray sentir à ce traistre Clitandre,
Quelque part que mon fils y puisse, ou vueille
  prendre,
Combien mal à propos sa sotte vanité
Croyoit dans sa faueur trouuer l'impunité.
Ie le tiens l'affronteur, vn soupçon veritable
Que m'ont dõné les corps d'vn couple detestable
M'auoit si bien instruit de son perfide tour,
Qu'il s'est veu mis aux fers si tost que de retour.
Toy qu'auec Rosidor le bonheur a sauuée,
Tu te peux asseurer que Dorise trouuée,
Comme ils auoient choisi mesme heure à vostre
  mort,
En mesme heure tous deux aurõt vn mesme sort

CALISTE.

Sire, ne songez pas à cette miserable,   [ble,
Quelque dessein qu'elle eust, ie luy suis redeua-
Et luy voudray du bien le reste de mes iours,
De m'auoir conserué l'objet de mes amours.

LE ROY.   [touche,

L'vn et l'autre attentat plus que vous deux me
Vous auez biẽ de vray la clemẽce en la bouche,
Mais vostre aspect m'emporte à d'autres senti-
  timents,

Vous voyãt ie ne puis cacher mes mouuements,
Voftre pafleur de teint me rougit de colere,
Et vouloir m'adoucir ce n'eft que me defplaire.

ROSIDOR.

Mais, Sire, que fçait-on? peut eftre ce riual
Qui m'a fait en tout cas plus de bien que de mal
Lors qu'en voftre Confeil vous orrez fa defence
Sçaura de ce forfait purger fon innocence.

LE ROY.

Et par où la purger? fa main d'vn trait mortel
A figné fon arreft, en fignant ce cartel,
Enuoyé de fa part, & rendu par fon Page,
Peut-il defauouer ce funefte meffage?
Peut-il defauouer que fes gens defguifez
De fon commandement ne foient authorifez?
Les deux tous morts qu'ils font, qu'on les traine
   à la bouë,
L'autre aufli toft que pris fe mettra fur la rouë;
Et pour le fcelerat que ie tiens prifonnier,
Ce iour que nous voyons luy fera le dernier.
Qu'on l'amene au Confeil, feulement pour en-
   tendre
Le genre de fa mort, & non pour fe defendre.

euost
& va
: Cli-
e.

Toi va te mettre au lit, et croi que pour le mieux
Ie ne veux pas monstrer ce perfide à tes yeux,
Sans doute qu'aussitost qu'il se feroit paroistre
Ton sang reiailliroit au visage du traistre.

ROSIDOR.

L'apparence deçoit, & souuent on a veu
Sortir la verité d'vn moyen impourueu,
Bien que la coniecture y fust encor plus forte.
Du moins Sire, appaisez l'ardeur qui vous
transporte,
Que l'ame plus tranquille, et l'esprit plus remis
Le seul pouuoir des loix perde nos ennemis.

LE ROY.

Sãs plus m'importuner ne songe qu'à tes playes,
Non, il ne fut iamais d'apparences si vrayes,
Douter de ce forfait c'est manquer de raison.

rt.

Derechef ne prends soin que de ta guerison,

ROSIDOR.

Ah! que ce grand courroux sensiblement m'af-

CALISTE.   [flige!

Mon cœur, ainsi le Roy te refusant t'oblige,
Il te donne beaucoup en ce qu'il t'interdit,
Et tu gaignes beaucoup d'y perdre ton credit,

Voy dedans ces refus vne marque certaine
Que contre Rosidor toute priere est vaine,
Ses violëts transporst sont d'asseurez tesmoins
Qu'il t'écouteroit mieux s'il te cherissoit moins,
Mais vn plus long seiour icy te pourroit nuire:
Vien donc mon cher soucy, laisse moy te cõduire
Jusques dans l'antichãbre où Lisarque t'attend,
Et monstre desormais vn esprit plus content.

ROSIDOR.

Si prés de te quitter

CALISTE.

N'acheue pas ta plainte,
Tous deux nous ressentõs cette cõmune atteinte
Mais d'vn fascheux respect la tyrannique loy
M'appelle chez la Reine, & m'esloigne de
    toy.
Il me luy faut conter comme l'on m'a surprise,
Excuser mon absence en accusant Dorise,
Et l'informer comment par vn cruel destin
Mon deuoir auprés d'elle a manqué ce matin.

ROSIDOR.

Va donc, & quand son ame apres la chose sceuë
Fera voir la pitié qu'elle en aura conceuë,

Figure luy si bien Clitandre tel qu'il est,
Qu'elle n'ose en ses feux prendre plus d'interest.
CALISTE.

[blie,

Ne crains pas, mon soucy, que mon amour s'ou-
Repare seulement ta vigueur affoiblie,
Sçache bien te seruir de la faueur du Roy,
Et tu peux du surplus te reposer sur moy.

ACTE III.

SCENE III.

CLITANDRE en prison.
LE GEOLIER.

CLITANDRE seul.

IE ne sçay si ie veille, ou si ma resuerie
A mes sens endormis fait quelque tromperie,
Peu s'en faut dans l'excés de ma confusion
Que ie ne prenne tout pour vne illusion.
Clitandre prisonnier! ie n'en suis pas croyable
Ny l'air sale & puant d'vn cachot effroyable,
Ny de ce foible iour l'incertaine clarté,
Ny le poids de ces fers dont ie suis arresté,

Ie les sens, ie les voy, mais mon ame innocente
Dément tous les objets que mõ œil luy presente,
Et le desauouant defend à ma raison
De me persuader que ie sois en prison.
Doncques aucun forfait, aucun dessein infame
N'a iamais peu souiller ny ma main ny mõ ame,
Et ie suis retenu dans ces funestes lieux?
Non, cela ne se peut, vous vous trompez, mes
    yeux,
Vous auiez autrefois des ressorts infaillibles
Qui portoient en mon cœur les especes visibles,
Mais mon cœur en prison vous renuoye à son
    tour
L'image & le rapport de son triste sejour:
Triste sejour! que dy-ie? osay-ie appeller triste
L'adorable prison où me retient Caliste?
En vain d'oresnauant mon esprit irrité
Se plaindra d'vn cachot qu'il a trop merité,
Puisque d'vn tel blaspheme il s'est rẽdu capable
D'innocent que i'entray, i'y demeure coupable.
Folles raisons d'amour, mouuements esgarez,
Qu'à vous suiure mes sens se trouuẽt preparez!
Et que vous vous iouez d'vn esprit en balance,

Qui veut croire plustost la mesme extrauagance
Que de s'imaginer sous vn si iuste Roy,
Qu'on peuple les prisons d'innocēts cōme moy.
M'y voila cependant, & bien que ma pensée
Espluche à la rigueur ma conduitte passée,
Mon exacte censure a beau l'examiner,
Le crime qui me perd ne se peut deuiner,
Et quelque grand effort que face ma memoire
Elle ne me fournit que des suiets de gloire.
Ha Prince! c'est quelqu'vn de vos faueurs ialous
Qui m'impute à forfait d'estre chery de vous,
Le temps qu'on m'en separe on le dōne à l'enuie,
Comme vne liberté d'attenter sur ma vie,
Le cœur vous le disoit, & ie ne sçay comment
Mon destin me poussa dans cet aueuglement,
De reietter l'aduis de mon Dieu tutelaire,
C'est là ma seule faute, & c'en est le salaire,
C'en est le chastiment que ie reçois icy,
On vous vange mon Prince, en me traittant
    ainsi,   [defence
Mais vous monstrerez bien embrassant ma
Que qui vous vāge ainsi luy mesme vo⁹ offence.
Les damnables autheurs de ce complot maudit,

Qu'à me perſecuter voſtre abſence enhardit,
A voſtre heureux retour verrôt que ces têpeſtes
Clitandre preſervé n'abattrôt que leurs teſtes.
Mais on ouvre, et quelqu'vn dans cette ſombre
    horreur
De ſon viſage affreux redouble ma terreur.
Parle que me veux tu?
      LE GEOL.   Vous oſter cette chaiſne.
        CLITANDRE.
Se repent-on deſia de m'avoir mis en peine?
       LE GEOLIER.
Non pas que l'on m'ait dit.
     CLITAN.   Quoy! ta ſeule bonté
Me deſtache ces fers?
       LE GEOLIER.
         Non, c'eſt ſa Majeſté
Qui vous mande au conſeil.
       CLITANDRE.
        Ne peux tu rien m'apprendre
Du crime qu'on impoſe au malheureux Clitan-
     LE GEOLIER.   [dre?
Deſcendons, vn Preuoſt qui nous attend là b...
Vous pourra mieux que moy côtenter ſur ce cas.

ACTE III.

SCENE III.

PYMANTE.   DORISE.

PYMANTE.

EN vain pour m'eſblouir vous vſez de la
ruſe,
Mon eſprit quoy que lourd aiſémẽt ne s'abuſe,
Ce que vous me cachez ie le ly dans vos yeux,
Quelque reuers d'amour vous conduit en ces
lieux,   [aiguille
N'eſt-il pas vray, Monſieur? & meſmes cette
Reſſent fort les faueurs de quelque belle fille
Qui vous l'aura donnée en gage de ſa foy.

DORISE.

O malheureuſe aiguille, helas! c'eſt fait de moy.

PYMANTE.

Sans doute voſtre playe à ce mot s'eſt r'ouuerte.
Monſieur, regrettez vous ſon abſence ou ſa
perte,

Ou payant vos ardeurs d'vne infidelité
Vous auroit-elle bien pour vn autre quitté?
Vous ne me dittes mot, cette rougeur confuse
Quoy que vous vous taisiez clairement vous
    accuse.
Brisons là, ce discours vous fascheroit enfin,
Et c'estoit pour tromper la longueur du chemin,
Qu'apres plusieurs deuis n'ayant plus où me
    prendre
I'ay touché par hazard vne chose si tendre,
Dont beaucoup toutesfois aiment bien mieux
    parler,
Que de perdre leur temps à des propos enl'air.

DORISE.

Amy, ne porte plus la sonde en mon courage,
Ton entretien commun me charme dauantage,
Il ne me peut lasser indifferent qu'il est,
Et ce n'est pas aussi sans sujet qu'il me plaist:
Ta conuersation est tellement ciuile,
Que pour vn tel esprit ta naissance est trop vile,
Tu n'as de villageois que l'habit & le rang,
Tes rares qualitez te font d'vn autre sang,
Mesme plus ie te voy, plus en toy ie remarque

Des traits pareils à ceux d'vn Caualier de
    marque,
Il s'appelle Pymante, & ton air, & ton port
Ont auecque les siens vn merueilleux rapport.
                PYMANTE.
I'en suis tout glorieux, & de ma part ie prise
Vostre rencontre autant que celle de Dorise,
Autant que si le Ciel appaisant sa rigueur,
Me faisoit maintenant vn present de son cœur.
                DORISE.
Qui nommes tu Dorise?
                PYMANTE.
                        Vne ieune cruelle
Qui me fuit pour vn autre.
                DORISE.
                        Et ce riual s'appelle?
                PYMANTE.
Le Berger Rosidor.
                DORISE.
                        Amy ce nom si beau
Chez vous donc se profane à garder vn trou-
                PYMANTE.   [peau?
Ma belle, il ne faut plus que mon feu vous des-
    guise,

Que sous ces faux habits il recognoist Dorise.
Ce n'est pas sans raison qu'à vos yeux cette fois
Ie passe pour quelqu'vn d'entre nos villageois,
M'ayant traicté tousiours en hôme de leur sorte
Vous croyez aysément à l'habit que ie porte
Dôt la fausse apparêce ayde, et suit vos mespris:
Mais cette erreur vers vo⁹ ne m'a iamais sur-
Ie sçay trop que le Ciel n'a dôné l'auātage [pris,
De tant de raretez qu'à vostre seul visage,
Si tost que ie l'ay veu i'ay creu voir en ces lieux
Dorise desguisée, ou quelqu'vn de nos Dieux,
Et si i'ay qnelque temps feint de vous mesco-
    gnoistre   [roistre,
En vous prenant pour tel que vous vouliez pa-
Admirez mon amour dont la discretion
Rendoit à vos desirs cette submission,
Et disposez de moy qui borne mon enuie,
A prodiguer pour vous tout ce que i'ay de vie.

DORISE.

Pymāte, et quoy! faut-il qu'en l'estat où ie suis
Tes importunitez augmentent mes ennuis?
Faut-il que dans ce bois ta rencontre funeste
Vienne encor m'arracher le seul bien qui me
    reste,

Et qu'ainſi mon malheur au dernier point veu
N'oſe plus eſperer de n'eſtre pas cognu.

PYMANTE.

Voyez comme le Ciel égale nos fortunes, [nes
Et comme pour les faire entre nous deux cõmu-
Nous reduiſant enſemble à ces deſguiſémens
Il monſtre auoir pour nous de pareils mouue-

DORISE.   [mens.

Nous changeons bien d'habits, mais non pas de
  viſages,
Nous changeons bien d'habits, mais non pas de
  courages,
Et ces maſques trompeurs de nos conditions
Cachent ſans les changer nos inclinations.

PYMANTE.

Pardonnez moy ma Reine, ils ont changé mon
                              [flame.
  ame,
Puiſque mes feux plus vifs y redoublent leur

DORISE.

Auſſi font biẽ les miens, mais c'eſt pour Roſidor

PYMANTE.

Trop cruelle beauté, perſiſtez vous encor [ge?
A dédaigner mes vœux pour vn qui vous negli-

DORISE.

DORISE.   [blige,

Que veux tu? son mespris plus que ton feu m'o-
l'y trouue malgré luy ie ne sçay quel appas
Par où l'ingrat me tue, & ne m'offence pas.

PYMANTE.

Qu'esperez-vous en fin de cette amour friuole
Enuers vn qui n'est plus peut estre qu'vne idole?

DORISE.

Qu'vne idole? ah! ce mot me donne de l'effroy,
Rosidor vne idole? ah perfide! c'est-toy,
Ce sont tes trahisons qui l'empeschēt de viure,
Ie t'ay veu dans ces bois moy-mesme le poursui-
Auantagé du nombre, & vestu de façon   [ure,
Que ce rustique habit effaçoit tout soupçon,
Ton embusche a surpris vne valeur si rare.

PYMANTE.

Il est vray, i'ay puny l'orgueil de ce barbare,
De ce tygre iadis si cruel enuers vous,
Qui maintenāt par terre & percé de mes coups,
Esprouue par sa mort comme vn amant fidelle
V'âge vostre beauté du mespris qu'on fait d'elle.

DORISE.

Monstre de la nature, execrable bourreau,

E

Apres ce lasche coup qui creuse mon tombeau
D'vn compliment mocqueur ta malice me flate,
Fuy, fuy, que deſſus toy ma vēgeance n'eſclate,
Ces mains, ces foibles mains que vont armer les
    Dieux
N'aurōt que trop de force à t'arracher les yeux
Que trop à t'imprimer ſur ce hideux viſage
En mille traits de ſang les marques de ma rage.

PYMANTE.

L'impetueux boüillon d'vn courroux feminin
Qui s'eſchappe ſur l'heure, & iette ſon venin,
Comme il eſt animé de la ſeule impuiſſance
A force de groſſir ſe creue en ſa naiſſance,
Ou s'eſtouffant ſoy meſme à la fin ne produit
Que point ou peu d'effet apres beaucoup de bruit

DORISE.

Traiſtre ne pretēds pas que le mien s'adouciſſe,
Il faut que ma fureur ou l'enfer te puniſſe,
Le reſte des humains ne ſçauroit inuenter
De geſne qui te puiſſe à mon gré tourmenter.
Sus, d'ongles & de dents

PYMANTE.

Et que voulez vous faire?

Dorise arrestez vous.

DORISE.

Ie me veux satisfaire
Te deschirant le cœur.

PYMANTE.

Vouloir ainsi ma mort!
Il faudroit parauant que i'en fusse d'accord,
Et que ma patience aidast vostre foiblesse.
Que d'heur! ie tiens icy captiue ma maistresse,
Elle reçoit mes loix, & ie puis disposer
De ses mains qu'à mon aise on me laisse baiser.

Il luy
les ma
& les l
baise.

DORISE.

Cieux cruels, ainsi donc vostre iniustice auoüe
Qu'vn perfide plus fort de ma fureur se ioüe,
Et contre ce brigand vostre inique rigueur
Me donne vn tel courage, & si peu de vigueur.
Ah sort iniurieux! maudite destinée!
Malheurs trop redoublez! detestable iournée!

PYMANTE.

Enfin vos cris aigus nous pourroient déceler,
Voicy tout proche vn lieu plus cõmode à parler,
Belle Dorise, entrons dedans cette cauerne,
Qu'vn peu plus à loisir Pymãte vous goũuerne.

E iij

DORISE.

Que plustost ce momēt puisse acheuer mes iours.

PYMANTE.

Non, non il faut venir.

DORISE.

A la force, au secours.

enleue
la ca-
s.

ACTE III.

SCENE IIII.

LYSARQVE. CLEON.

LYSARQVE.

IE t'ay dit en deux mots ce qu'on fera du
　　traistre,
Et c'est comme le Roy l'a promis à mon maistre,
Dont il prend l'interest extremement à cœur.

CLEON.

Tu me viens de conter des excés de rigueur,
Bien que ce Caualier soit atteint de ce crime,
On deust considerer que le Prince l'estime.

LYSARQVE.

Et c'est ce qui le perd, de peur de son retour
On haste le supplice auant la fin du iour,
Le Roy qui ne pourroit refuser sa requeste
Luy veut à son defceu faire couper la teste.
De vray tout le conseil d'vn sentimēt plus doux
Essayant d'adoucir l'aigreur de son courroux,
Veu ce tiers eschappé luy propose d'attendre
Que le pendard repris ait conuaincu Clitandre,
Mais il ne reçoit point d'autre aduis que le sien.

CLEON.

L'accusé cependant coupable ne dit rien?

LYSARQVE.

En vain le malheureux protefte d'innocence,
Le Roy dans sa colere vfe de sa puiffance,
Et l'on n'a sceu gaigner qu'auec vn grand effort
Quatre heures qu'il lui dōne à songer à la mort.
C'est dont ie vay porter la nouuelle à mon

CLEON.   [maistre.

S'il n'est content, au moins il a sujet de l'estre,
Mais dy-moy si ses coups le mettent en danger.

LYSARQVE.

Il ne s'en trouue aucun qui ne soit fort leger.

Vn seul du genoüil droit offence la iointure,
Dont il faut que le lit facilite la cure,
Le reste ne l'oblige à garder la maison,
Et quelque escharpe au bras en feroit la raison.
Adieu, fay ie te prie estat de mon seruice,
Et croy qu'il n'est pour toy chose que ie ne fisse.

CLEON.

Et moy pareillement ie suis ton seruiteur.
Me voila de sa mort le veritable autheur,
Sur mes premiers soupçõs le Roy mis en ceruelle
Deuint preoccupé d'vne haine mortelle,
Et depuis sous l'appas d'vn mandement caché
Ie l'ay d'entre les bras de son Prince arraché.
Que sera-ce de moy s'il en a cognoissance?
Rien ne me garentit qu'vne eternelle absence,
Apres qu'il l'aura sceu me monstrer à la Cour
C'est m'offrir librement à la perte du iour.
Faisons mieux toutesfois, auãt que l'heure passe
Allons encor vn coup le trouuer à la chasse,
Et s'il ne peut venir à temps pour le sauuer
Par vne prompte fuite il faudra s'esquiuer.

ACTE QVATRIESME.

SCENE PREMIERE.

PYMANTE. DORISE
dans vne cauerne.

PYMANTE.

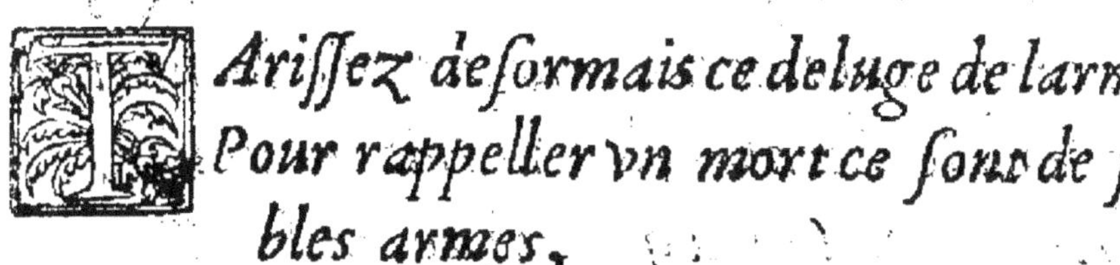

Arissez desormais ce deluge de larmes,
Pour rappeller vn mort ce sons de foi-
   bles armes,
Et quoy que vous conseille vn inutile ennuy,
Vos cris & vos sanglots ne vont point iusqu'à
                     [luy.

DORISE.
Si mes sanglots ne vont où mon cœur les enuoye
Aumoins par eux mon ame y trouuera la voye,
S'il luy faut vn passage afin de s'enuoler,
Ils le luy vont ouurir en le fermant à l'air.
Sus donc, sus mes sanglots, redoublez vos se-
   cousses,

E iiij

Pour vn tel deſeſpoir vous les auez trop douces,
Faites pour m'eſtouffer de plus puiſſants efforts.

PYMANTE.

Belle, ne ſongez plus à reioindre les morts,
Penſez pluſtoſt à ceux qui viuants n'ont enuie
Que d'employer pour vous le reſte de leur vie,
Penſez pluſtoſt à ceux dont le ſeruice offert,
Accepté vous conſerue, & refuſé vous perd.

DORISE.

Crois tu dõc aſſaſſin m'acquerir par ton crime,
Qu'innocent meſpriſé coupable ie t'eſtime,
A ce conte tes feux n'ayant peu m'eſmouuoir
Ton perfide attentat obtiendroit ce pouuoir,
Ie cherirois en toy la qualité de traiſtre,
Et mon affeͨtion commenceroit à naiſtre
Lors que tout l'Vniuers a droit de te hair.

PYMANTE.

Si i'oubliay l'honneur iuſques à le trahir,
Si pour vous poſſeder mon eſprit tout de flame
N'a rien creu de honteux, n'a rien trouué d'in-
fame,
Voyez par là, voyez l'excés de mon ardeur,
Par cet aueuglement iugez de ſa grandeur.

DORISE.

Non, non, ta lascheté que i'y vois trop certaine
N'a seruy qu'à donner des raisons à ma haine,
Ainsi ce que i'auois pour toy d'auersion
Vient maintenant d'ailleurs que d'inclination,
C'est la raison, c'est elle à present qui me guide
Aux mespris que ie fais des flames d'vn perfide.

PYMANTE.

Je ne sçache raison qui s'oppose à mes vœux,
Puisqu'icy la raison n'est que ce que ie veux,
Et ployant dessous moy permet à mon enuie
De recueillir les fruits de vous auoir seruie.
Il me faut vn baiser malgré vos cruautez.

DORISE.

Execrable ainsi donc tes desirs effrontez
Veulent sur ma foiblesse vser de violence?

PYMANTE.

Que sert d'y resister, ie sçay trop la licence
Que me donne l'amour en cette occasion.

DORISE.

Traistre, ce ne sera qu'à ta confusion.

PYMANTE portant les mains à son
œil creué.

Ah cruelle!

DORISE en s'eschappant de luy.

Ah infame!

PYMANTE.

Ah que viens-tu de faire!

DORISE sortie de la cauerne.

De tirer mon honneur des efforts d'vn corsaire.

PYMANTE ramassant son espée.

Barbare ie t'auray.

DORISE se cachant.

Fuyons, il va sortir.

Qu'à propos ce buisson s'offre à me garentir.

PYMANTE sorty.

Ne croy pas m'échaper, quoy que ta ruse fasse,
I'ay ta mort en ma main.

DORISE cachée.

Dieux! le voila qui passe.

PYMANTE passe de l'autre costé
du Theatre.

Tygresse.

DORISE reuenant sur le Theatre.

Il est passé, ie suis hors de danger,
Ainsi d'oresnauant mon sort puisse changer,
Ainsi d'oresnauant le Ciel plus fauorable

Me preste en ces malheurs vne main secoura-
Cependant pour loyer de sa lubricité,   [ble,
Son œil m'a respondu de ma pudicité,
Et dedans son cristal mon aiguille enfoncée
Attirant ses deux mains m'a desembaraßée.
Außi le falloit-il que ce mesme poinçon
Qui premier de mon sexe engendra ce soupçon
Fust l'autheur de ma prise, et de ma deliurance,
Et qu'apres mon peril il fist mon asseurance.
Va donc monstre bouffi de luxure et d'orgueil,
Venge sur ces rameaux la perte de ton œil,
Fais seruir si tu veux dans ta forcenerie
Les fueilles & le vent d'objets à ta furie,
Dorise qui s'en moque, & fuit d'autre costé,
En s'esloignant de toy se met en seureté.

ACTE IV.

SCENE II.

PYMANTE.

Qv'est-elle deuenuë ? ainsi donc l'inhumaine

Apres vn tel affront rend ma pourſuite vaine?
Ainſi donc la cruelle à guiſe d'vn éclair
En me frappant les yeux eſt diſparuë en l'air?
Ou pluſtoſt l'vn perdu, l'autre m'eſt inutille,
L'vn s'offuſque du ſang qui de l'autre diſtille?
Coule, coule mon ſang, dãs de ſi grãds malheurs
Tu dois auec raiſon me tenir lieu de pleurs,
Ne verſer deſormais que des larmes cõmunes,
C'eſt pleurer laſchement de telles infortunes.
Je voy de tous coſtez mon ſupplice approcher,
N'oſant me deſcouurir, ie ne me puis cacher,
Mon forfait euident ſe lit dans ma diſgrace,
Et ces goutes de ſang me font ſuiure à la trace.
Miraculeux effet! pour traiſtre que ie ſois
Mon ſang l'eſt encor plus, et ſert tout à la fois
De pleurs à ma douleur, d'indices à ma priſe,
De peine à mon forfait, de vẽgeance à Doriſe.
Bourreau qui ſecondant ſon courage inhumain
Au lieu d'orner ſon poil, deshonorez ſa main,
Execrable inſtrument de ſa brutale rage,
Tu deuois pour le moins reſpecter ſon image,
Ce portrait accõply d'vn chef d'œuure des cieux
Imprimé dãs mon cœur, exprimé dãs mes yeux,

Quoy que te commandaſt ſon ame courroucée
Deuoit eſtre adoré de ta pointe eſmouſſée,
Quelque ſecret inſtinct te deuoit figurer
Que ſe prendre à mon œil c'eſtoit le deſchirer.
Et toy belle, reuien, reuien cruelle ingratte,
Voy côme encor l'amour en ta faueur me flatte,
Ce poinçon qu'à mon heur i'eſprouue ſi fatal
Ce n'eſt qu'à ton ſujet que ie luy veux du mal,
Voy dans ces vains propos par où mon cœur ſe
    vange,   [ge.
Moins de blâme pour luy que pour toy de louan-
Tu n'as dans ta colere vſé que de tes droits,
Et ma vie, & ma mort dependant de tes loix,
Il t'eſtoit libre encor de m'eſtre plus funeſte,
Et c'eſt de ta pitié que i'en tiens ce qui reſte.
Reuien belle reuien, que i'offre tout bleſſé
A tes reſſentimens ce que tu m'as laiſſé,
Laſche, et honteux retour de ma flame inſensée!
Il ſemble que deſia ma fureur ſoit paſſée,
Et tous mes ſens broüillez d'vn deſordre nou-
    ueau
Au lieu de ma maiſtreſſe adorent mõ bourreau.
Remettez vo⁹ mes ſens, r'aſſeure toy ma rage,

Seule ie te permets d'occuper mon courage,
Tu n'as plus à debatre auec mes paßions
L'empire souuerain deßus mes actions,   [res
L'amour vient d'expirer, & ses flames dernie-
S'esteignant ont ietté leurs plus viues lumieres.
Dorise ne tient plus dedans mon souuenir
Que ce qu'il faut de place aux soins de la punir,
Ie n'ay plus de penser qui n'en vueille à sa vie.
Sus donc qui me la rend? destins si voste enuie
Implacable pour moy s'obstine à mes tourmens,
Si vous me reseruez à d'autres chastimens,
Faites que ie merite en trouuant l'inhumaine
Par vn nouueau forfait vne nouuelle peine,
Et ne me traittez pas auec tant de rigueur,
Que mon feu ny mon fer ne touchent point son
    cœur.

Mais ma fureur se iouë, & demy languißante
S'amuse au vain esclat d'vne voix impuißante.
Recourons aux effets, cherchons de toutes parts
Prenons d'oresnauant pour guides les hazards,
Quiconque rencontré n'en sçaura de nouuelle
Que son sang außi tost me responde pour elle,
Et ne suiuant ainsi qu'vne incertaine erreur

Remplissons tous ces lieux de carnage et d'horreur.

Mes menaces desia font trēbler tout le monde,
Le vent fuit d'espouuante, & le tonnerre en
gronde,
L'œil du Ciel s'en retire, & par vn voile noir
N'y pouuant resister se defend d'en rien voir;
Cent nuages espais se distillans en larmes
A force de pitié veulent m'oster les armes:
L'vniuers n'ayant pas de force à m'opposer
Me vient offrir Dorise afin de m'appaiser.
Tout est de mon party, le Ciel mesme n'enuoye
Tant d'esclairs redoublés qu'afin que ie la voye,
Quelque part où la peur porte ses pas errants
Ils sont entrecoupez de mille gros torrents.
O supreme faueur! ce grand esclat de foudre
Descoché sur son chef le vient de mettre en
poudre,
Ce fer s'il est ainsi me va tomber des mains,
Ce coup aura sauué le reste des humains,
Satisfait par sa mort mon esprit se modere,
Et va sur sa charoigne acheuer sa colere.

ACTE IV.

SCENE III.

LE PRINCE.

QVe d'heur en ce peril ! ſans me faire au-
cun mal .
Le tonnerre a ſous moy foudroyé mon cheual,
Et conſommant ſur luy toute ſa violence
M'a monſtré ſon reſpect parmy ſon inſolence.
Hola quelqu'vn à moy. Tous mes gẽs eſcartez
Loing de me ſecourir ſuiuent de tous coſtez
L'effroy de la tempeſte, ou l'ardeur de la chaſſe,
Cette ardeur les emporte, ou la frayeur les
　　glace.
Cependant ſeul à pied ie penſe à tous moments
Voir le dernier débris de tous les elements,
Dont l'obſtination à ſe faire la guerre
Met toute la nature au pouuoir du tonnerre.
Dieux ! ſi vous teſmoignez par là voſtre cour-
　　roux,
De Cliſandre, ou de moy lequel menacez vous?
　　　　　　　　　　　　　　　　　La perte

La perte m'est égale, & la mesme tempeste
Qui l'auroit accablé tomberoit sur ma teste.
Pour le moins, Dieux, s'il court quelque danger
    fatal,
Qu'il en ait côme moy plus de peur que de mal.
I'en découure à la fin quelque meilleur presage,
L'haleine manque aux vents, & la force à l'o-
    rage,
Les esclairs indignez d'estre esteints par les
    eaux
En ont tary la source & seiché les ruisseaux,
Et desia le Soleil dè ses rayons essuye
Sur ces moites rameaux le reste de la pluye,
Au lieu du bruit affreux des foudres décochez
Les petits oysillons encor demy cachez
Poussent en tremblottãt, & hazardent à peine
Leur voix qui se desrobe à la peur incertaine
Qui tient encor leur ame, & ne leur permet pas
De se croire du tout preseruez du trespas.
I'auray bien tost icy quelques vns de ma suite,
Ie le iuge à ce bruit.

                              F

ACTE IV.

SCENE IIII.

LE PRINCE. PYMANTE. DORISE.
DEVX VENEVRS.

PYMANTE terraſſant Doriſe.

En fin malgré ta fuite
Ie te retiens barbare.
DORISE.   Helas!
PYMANTE.

Songe à mourir,
Tout l'vniuers icy ne te peut ſecourir.
LE PRINCE.
L'eſgorger à ma veuë! ô l'indigne ſpectacle!
Sus, ſus, à ce brigand oppoſons vn obſtacle.
Arreſte ſcelerat.
PYMANTE.

Temeraire, où vas-tu?
LE PRINCE.
Sauuer ce Gentilhomme à tes pieds abbatu.

DORISE.

C'est le Prince, toutbeau.

PYMANTE.

Prince, ou non, ne m'importe,
Il m'oblige à sa mort m'ayant veu de la sorte.

LE PRINCE.

Est-ce là le respect que tu dois à mon rang?

PYMANTE.

Ie ne cognois icy ny qualitez, ny sang, [tienne,
Quelque respect ailleurs que ton grade s'ob-
Pour asseurer ma vie il faut perdre la tienne.

DORISE.

S'il me demeure encor quelque peu de vigueur,
Si mon debile bras ne dédit point mon cœur,
I'arresteray le tien.

PYMANTE.

Que fais tu miserable?

DORISE.

Ie destourne le coup d'vn forfait execrable.

PYMANTE.

Auec ces vains efforts crois-tu m'en empescher?

LE PRINCE.

Par vne heureuse adresse il la fait trébucher,

F ij

Aſſaſsin rends l'eſpée.
1. VENEVR.

Eſcoute, il eſt fort proche.

C'eſt ſa voix qui reſõne au creux de cette roche,
Et c'eſt luy que tantoſt nous auions entendu.
LE PRINCE à Doriſe.

Prends ce fer en ta main.
PYMANTE.

Ha Cieux! ie ſuis perdu.
2. VENEVR.

Le voila. Monſeigneur, quelle auẽture eſtrãge,
Et quel mauuais deſtin en cet eſtat vous range?
LE PRINCE.

Garrotez ce maraut, faute d'autres liens
Employez y pluſtoſt les couples de vos chiens.
Ie veux qu'à mon retour vne prompte iuſtice
Luy face reſſentir par vn cruel ſupplice
Sans armer contre luy que les loix de l'Eſtat,
Que m'attaquer n'eſt pas vn leger attentat.
Sçachez que s'il eſchappe il y va de vos teſtes.
1. VENEVR.

En ce cas, Mõſeigneur, les voila toutes preſtes:
Admirez cependant le foudre & ſes efforts,

Qui dans cette foreſt ont conſommé trois corps,
En voicy les habits, qui ſans aucun dommage
Semblent auoir braué la fureur de l'orage.

LE PRINCE.

Tu me montres vraymēt de merueilleux effets.

DORISE.   [faits,

Mais des marques pluſtoſt de merueilleux for-
Ces habits que n'a point approché le tonnerre,
Sont aux plus criminels qui viuēt ſur la terre,
Cognoiſſez les mon Prince, & voyez deuant
     vous
Pymante priſonnier, & Doriſe à genoux.

LE PRINCE.

Que ce ſoit là Pymante, & que tu ſois Doriſe!

DORISE.

Quelques eſtonnemens qu'vne telle ſurpriſe
Iette dans voſtre eſprit que vos yeux ont deceu,
D'autres le ſaiſirōt quād vous aurez tout ſceu.
La honte de paroiſtre en vn tel equipage
Coupe icy ma parole, & l'eſtouffe au paſſage,
Souffrez que ie reprenne en vn coin de ces bois
Auec mes veſtemens l'vſage de la vois,
Pour vous conter le reſte en habit plus ſortable.

F iij

LE PRINCE.

Cette honte me plaist, ta priere équitable
En faueur de ton sexe, & du secours presté
Suspendra iusqu'alors ma curiosité.
Tandis sans m'esloigner beaucoup de cette place
Ie vay sur ce costau pour descouurir la chasse,
Tu l'y rameneras, toy s'il ne veut marcher
Garde le cependant au pied de ce rocher.

Le Prince sort, & vn des Veneurs s'en
va auec Dorise, & l'autre mene
Pymante d'vn autre costé.

ACTE IV.

SCENE V.

CLEON, & encore vn Veneur.

CLEON.

TEs aduis qui n'ont rien que de l'incertitude
N'ostent point mon esprit de son inquie-
tude,
Et ne me font pas voir le Prince en ce besoing.

3. VENEVR.

Asseurez-vo⁹ sur moy qu'il ne peut estre loing,
La mort de son cheual estendu sur la terre
Et tout fumant encor d'vn esclat de tonnerre,
L'ayant reduit à pied ne luy permettra pas
En si peu de loisir d'en esloigner ses pas.

CLEON.

Ta foible conieſture a bien peu d'apparence,
Et flatte vainement ma debile esperance,
Le moyen que le Prince aussi tost remonté
De ce funeste lieu ne se soit escarté?

3. VENEVR.

Chacun plein de frayeur au bruit de la tempeste
Qui çà, qui là cherchoit où garantir sa teste,
Si bien que separé possible de son train
Il n'aura trouué lors d'autre cheual en main,
Ioint à cela que l'œil au sentier où nous sommes
N'en remarque aucuns pas meslez à ceux des

CLEON.   [hommes.

Poursuiuons, mais ie croy que pour le r̃econtrer
Il faudroit quelque dieu qui no⁹ le vint mõstrer.

F iiij

ACTE IV.

SCENE VI.

CLITANDRE en prison.
LE GEOLIER.

CLITANDRE.

Dans ces funestes lieux où la seule incle-
mence
D'vn rigoureux destin reduit mon innocence,
Ie n'attends desormais du reste des humains
Ny faueur, ny secours, si ce n'est par tes mains.

LE GEOLIER.

A d'autres, ie voy trop où tend ce preambule,
Vous n'auez pas affaire à quelque homme cre-
dule,
Tous dedans ces cachots dont ie porte les clefs
Se disent comme vous de malheur accablez,
Et la iustice à tous est iniuste de sorte
Que la pitié me doit leur faire ouurir la porte.
Mais ie me tiẽs tousiours ferme dãs mõ deuoir,

Soyez coupable ou non, ie n'en veux riẽ ſçauoir,
Le Roy, quoy qu'il en ſoit, vo⁹ a mis en ma gar-
Il ſuffit, le ſurplus en rien ne me regarde.   [de,

CLITANDRE.

Tu iuges mes deſſeins autres qu'ils ne ſont pas,
Ie tiens l'eſloignement pire que le treſpas,
Et la terre n'a point de ſi douce prouince
Où le iour m'agreaſt loing des yeux de mon
    Prince.

Helas! ſi tu voulois enuoyer l'aduertir
Du peril dont ſans luy ie ne ſçaurois ſortir,
Ou qu'il luy fuſt porté de ma part vne lettre,
De la ſienne en ce cas ie t'oſe bien promettre
Que ſon retour ſoudain des plus riches te rend,
Que cet anneau t'en ſerue & d'arre & de ga-
    rend,

Tends la main, & l'eſprit vers vn bonheur ſi

LE GEOLIER.   [proche.

Monſieur, iuſqu'à preſent i'ay veſcu ſans re-
    proche,
Et pour me ſuborner promeſſes ny preſens
N'ont & n'aurõt iamais de charmes ſuffiſans,
C'eſt de quoy ie vo⁹ dõne vne entiere aſſeurãce,

Perdez-en le deſſein auecque l'eſperance,
Et puiſque vous dreſſez des pieges à ma foy,
Adieu, ce lieu deuiẽt trop dangereux pour moy.

CLITANDRE.

Va tygre, va cruel, barbare, impitoyable,
Ce noir cachot n'a rien tãt que toy d'effroyable,
Va, porte aux criminels tes regards dõt l'hor-
    reur
Seule aux cœurs innocents imprime la terreur.
Ton viſage deſia commençoit mon ſupplice,
Et mon iniuſte ſort dont tu te fais complice
Ne t'enuoyoit icy que pour m'eſpouuanter,
Ne t'enuoyoit icy que pour me tourmenter.
Cepẽdant malheureux à qui me dois-ie prendre
D'vne accuſation que ie ne puis comprendre?
A-t'on rien veu iamais, a-t'on rien veu de tel?
Mes gens aſſaſſinez me rendent criminel, [nie,
L'autheur du coup s'en vãte, et l'on m'en calom-
On le comble d'honneur, & moy d'ignominie,
L'eſchaffaut qu'on m'apreſte au ſortir de priſon
C'eſt par où de ce meurtre on me fait la raiſon.
Mais leur deſguiſemẽt d'autre coſté m'eſtonne,
Iamais vn bon deſſein ne deſguiſa perſonne,

Leur masque les condamne, et mon seing contrefait
M'imputant vn cartel, me charge d'vn forfait,
Mon iugement s'aueugle, & ce que ie deplore
Ie me sens bien trahy, mais par qui, ie l'ignore,
Et mon esprit troublé dans ce confus rapport
Ne voit rien de certain que ma honteuse mort.
Traistre qui que tu sois, riual, ou domestique,
Le Ciel te garde encore vn destin plus tragique,
N'importe vif, ou mort, les gouffres des enfers
Auront pour ton supplice encor de pires fers,
Là mille affreux bourreaux t'attendent dans les
    flames,   *[ames,*
Moins les corps sont punis, plus ils gesnent les
Et par des cruautez qu'on ne peut conceuoir
Vangent les innocents pardelà leur espoir.
Et vous que desormais ie n'ose plus attendre,
Prince, qui m'honoriez d'vne amitié si tendre,
Et dont l'esloignement fut mon pl⁹ grand malheur,
Bien qu'vn crime imputé noircisse ma valeur,
Que le pretexte faux d'vne action si noire
N'aille laisser de moy qu'vne sale memoire,
Permettez que mon nom qu'vn bourreau va ter-
Dure sans infamie en vostre souuenir.   *[nir*

Ne vous repentez point de vos faueurs paſſees,
Comme chez vn perfide indignement placées,
I'oſe, i'oſe eſperer qu'vn iour la verité
Paroiſtra toute nuë à la poſterité,
Et ie tiens d'vn tel heur l'attente ſi certaine,
Qu'elle adoucit deſia la rigueur de ma peine,
Mon ame s'en chatoüille, & ce plaiſir ſecret
La prepare à ſortir auec moins de regret.

ACTE IV.

SCENE VII.

LE PRINCE.   DORISE en ſon habit de femme.   PYMANTE garroté
& conduit par trois Veneurs.
CLEON.

LE PRINCE.

VOus m'auez dit tous deux d'eſtranges
auentures,
Ah Clitandre! ainſi donc de fauſſes coniectu-
res

T'accablent malheureux ſous le courroux du
   Roy,
Ce funeſte recit me met tout hors de moy.

CLEON.

Haſtant vn peu de pas , quelque eſpoir me demeure
Que vous arriuerez auparauant qu'il meure.

LE PRINCE.

Si ie n'y viens à temps , ce perfide en ce cas
A ſon ombre immolé ne me ſuffira pas,
C'eſt trop peu de l'autheur de tant d'enormes
   crimes,
Innocent il aura d'innocentes victimes,
Où que ſoit Roſidor il le ſuiura de prés,
Ses myrtes pretendus tourneront en cyprés.

DORISE.

Soüiller ainſi vos mains du ſang de l'innocence?

LE PRINCE.

Mon deſplaiſir m'en dõne vne entiere licence,
I'en veux cõme le Roy faire autant à mon tour:
Et puiſqu'en ſa faueur on preuient mon retour,
Il eſt trop criminel. Mais que viens-ie d'en-
   tendre,

Ie me tiens presque seur de sauuer mon
   Clitandre,
La chasse n'est pas loing, où prenant vn cheual,
Ie preuiendray le coup de son malheur fatal.
Il suffit de Cleon pour r'amener Dorise,
Vous autres gardeZ bien de lascher vostre
   prise,
Vn supplice l'attend qui doit faire trembler
Quiconque desormais voudroit luy ressembler.

ACTE CINQVIESME.

SCENE PREMIERE.

LE PRINCE. CLITANDRE.
VN PREVOST. CLEON.

LE PRINCE parlant au Preuost.

Llez tousiours au Roy dire qu'vne innocence
Legitime en ce point ma desobeïssance,
Et qu'vn homme sans crime auoit bien merité
Que i'vsasse pour luy de quelque authorité:
Ie vo⁹ suy. Cepēdant que mō heur est extresme
Cher amy que ie tiens cōme vn autre moy mes-
D'auoir sceu iustement venir à ton secours [me
Lors qu'vn infame glaiue alloit trancher tes
   iours,
Et qu'vn iniuste sort ne trouuãt point d'obstacle
Apprestoit de ta teste vn indigne spectacle.

CLITANDRE.
[fers

Ainſi qu'vn autre Alcide en m'arrachant des
Vous m'auez autant vaut retiré des enfers,
Et moy d'oreſnauant i'arreſte mon enuie
A ne ſeruir qu'vn Prince à qui ie dois la vie.

LE PRINCE.

Reſerue pour Caliſte vne part de tes ſoins.

CLITANDRE.

C'eſt à quoy deſormais ie veux penſer le moins.

LE PRINCE.

Le moins? quoy! deſormais Caliſte en ta pĕſée
N'auroit plus que le rang d'vne image effacée?

CLITANDRE.

I'ay honte que mon cœur auprés d'elle attaché
Ait ſon ardeur vers vous ſi ſouuent relaſché,
Si ſouuent pour le ſien quitté voſtre ſeruice,
C'eſt par là que i'auois merité mon ſupplice,
Et pour m'en faire naiſtre vn iuſte repentir
Il ſemble que les Dieux y vouloient conſentir,
Mais voſtre heureux retour a calmé cet orage.

LE PRINCE.

Ie deuine à peu prés le fonds de ton courage,
La crainte de la mort en chaſſe des appas

Qui

Qui t'ont mis au peril d'vn si honteux trespas,
Veu que sans cette amour la fourbe mal côceuë
Eust manqué contre toy de pretexte, & dissuë:
Où peut estre à present tes desirs amoureux
Se cherchët des objets vn peu moins rigoureux.

CLITANDRE.

Doux ou cruels, aucun desormais ne me touche.

LE PRINCE.

L'amour dôpte aisémët l'esprit le pl° farouche,
C'est à ceux de nostre aage vn puissât ennemy;
Tu ne cognois encor ses forces qu'à demy,
Ta resolution vn peu trop violente
N'a pas bien consulté ta ieunesse bouillante.
Mais que veux tu Cleon, & qu'est-il arriué?
Pymante de vos mains se seroit-il sauué?

CLEON.   [mise

Grace aux Dieux acquittez de la charge com-
Vos veneurs ont côduit Pymäte, et moi Dorise,
Et ie viens Monseigneur prendre vn ordre nou-

LE PRINCE.   [ueau.

Qu'on m'attëde auec eux aux portes du Chasteau.
Allons, allons au Roy monstrer ton innocence,

G

Les autheurs des forfaits sont en nostre puissan-
ce,
Et l'vn d'eux conuaincu dés le premier aspect,
Ne te laissera plus aucunement suspect.

ACTE V.

SCENE II.

ROSIDOR dans son lit.

AMants les mieux payez de vostre longue
    peine,
Vous de qui l'esperance est la moins incertaine,
Et qui vous figurez apres tant de longueurs
Auoir droit sur les corps dont vous tenez les
En est il parmy vo⁹ de qui l'ame cõtente [cœurs,
Gouste plus de plaisirs que moy dans son attẽte?
En est il parmy vous de qui l'heur à venir
D'vn espoir mieux fondé se puisse entretenir?
Mon esprit que captiue vn objet adorable
Ne l'esprouua iamais autre que fauorable,
I'ignorerois encor ce que c'est que mespris
Si le sort d'vn riual ne me l'auoit appris,

Les flames de Caliste à mes flames respondent,
Ie ne fay point de vœux que les siës ne secõdent,
Il n'est point de souhaits qui ne m'en soient per-
         mis,
Ny de contētemens qui ne m'en soient promis;
Clitandre qui iamais n'attira que sa haine
Ne peut plus m'opposer le Prince, ny la Reine,
Si mon heur de sa part auoit quelque defaut
Auec sa teste on va l'oster sur l'eschaffaut.
Ie te plains toutesfois Clitandre, & la colere
D'vn grand Roy qui te perd me semble trop se-
Tes desseins du succés estoiēt assez punis, [uere,
Nous voulant separer tu nous as revnis,
Il ne te falloit point de plus cruels supplices
Que de te voir toyméme autheur de nos delices,
Veu qu'il n'est pas à croire apres ce lasche tour
Que le Prince ose plus trauerser nostre amour,
Ton crime t'a rendu desormais trop infame
Pour tenir ton party sans s'exposer au blasme,
On deuient ton complice à te fauoriser.
Mais helas mes pensers qui vous vient diuiser,
Quel plaisir de vangeãce à present vous engage,
Faut-il qu'auec Caliste vn riual vous partage?

                         G ij

Retournez, retournez vers mon vnique bien,
Que seul doresnauant il soit voftre entretien,
Ne vous repaissez plus que de sa seule idée,
Faites moy voir la mienne en son ame gardée,
Ne vous arrestez pas à peindre sa beauté,
C'est par où mon esprit est le moins enchanté,
Elle seruit d'amorce à mes desirs auides,
Mais il leur faut depuis des objets plus solides,
Mon feu qu'elle alluma fust mort au premier
     iour,
S'il n'euft esté nourry d'vn reciproque amour:
Ouy Califte, & ie veux toufiours qu'il m'en
     fouuienne,
I'apperceus aussi toft ta flame que la mienne,
L'amour apprit ensemble à nos cœurs à brufler,
L'amour apprit ensemble à nos yeux à parler,
Et sa timidité luy donna la prudence
De n'admettre que nous en noftre confidence.
Ainfi nos passions se déroboient à tous,
Ainfi nos feux secrets n'auoiët point de ialoux,
Tant que leur sainte ardeur plus forte deuenuë
Voulut vn peu de mal à tant de retenuë,
Lors on nous vit quitter ces ridicules soins,

Et nos petits larcins souffrirent les tesmoins,
Si ie voulois baiser ou tes yeux, ou ta bouche,
Tu sçauois dextremēt faire vn peu la farouche,
Et me laissant tousiours de quoy me preualoir,
Monstrer esgalemēt le craindre, & le vouloir,
Depuis auec le tēps l'amour s'est fait le maistre,
Sans aucune contrainte il a voulu paroistre
Si bien que plus nos cœurs perdoient de liberté,
Et plus on en voyoit en nostre priuauté,
Ainsi doresnauant apres la foy donnée
Nous ne respirons plus qu'vn heureux Hy-
      menée,
Et ne touchant encor ses droits que du penser
Nos feux à tout le reste osent se dispenser;
Hors ce point tout est libre à l'ardeur qui nous
      presse.

ACTE V.
SCENE III.

CALISTE. ROSIDOR.

CALISTE.

Qve diras tu mon cœur de voir que ta maiſtreſſe
Te vient effrontément trouuer iuſques au lict?

ROSIDOR.

Que diray-ie ſinon que pour vn tel delict
On ne m'eſchappe à moins de trois baiſers d'a-

CALISTE. [mende?

La gentille façon d'en faire la demande!

ROSIDOR.

Mon regret dans ce lit qu'on m'oblige à garder
C'eſt de ne pouuoir plus prēdre ſans demander,
Autrement, mon ſoucy, tu ſçais comme i'en vſe.

CALISTE.

En effet il eſt vray, de peur qu'on te refuſe
Sans rien dire ſouuent, & par force tu prends

ROSIDOR.

Ce que forcée ou non de bon cœur tu me rends.

CALISTE.   [donne,

Tout beau, si quelquefois ie souffre, & ie par-
Le trop de liberté que ta flame se donne,
C'est sous condition de n'y plus reuenir.

ROSIDOR.

Si tu me rencontrois d'humeur à la tenir
Tu chercherois bien tost moyen de t'en desdire,
Ton sexe qui defend ce que plus il desire,
Voit fort à contrecœur

CALISTE.

                    Qu'on luy desobeit,
Et que nostre foiblesse au plus fort le trahit.

ROSIDOR.

Ne dißimulons point, est il quelque aduantage
Qu'auec nous au baiser ton sexe ne partage?

CALISTE.

Vos importunitez le font assez iuger.

ROSIDOR.

Nous ne nous en seruons que pour vous obliger,
C'est par où nostre ardeur supplée à vostre hôte,
Mais l'vn, & l'autre y trouue esgalement son
conte,   G. iiij

Et toutes vo⁹ deußiez prēdre en vn ieu ſi doux,
Comme meſme plaiſir meſme intereſt que nous.

CALISTE.

Ne pouuant le gaigner contre toy de paroles
I'oppoſeray l'effet à tes raiſons friuoles,
Et ſçauray deſormais ſi bien te refuſer,
Que tu verras le gouſt que ie prends à baiſer,
Auſſi bien ton orgueil en deuient trop extréme.

ROSIDOR.

Simple, pour le punir tu te punis toy-meſme,
Ce deſſein mal conceu te vange à tes deſpens,
Deſia (n'eſt il pas vray, mõ heur?) tu t'en re-
Et deſia la rigueur d'vne telle contrainte [pens,
Dãs tes yeux lãguiſſans met vne douce plainte,
L'amour par tes regards murmure de ce tort,
Et ſemble m'aduoüer d'vn agreable effort.

CALISTE.

Quoy qu'il en ſoit, Caliſte au moins t'en deſad-

ROSIDOR.   [uoüe.

Ce vermillon nouueau qui colore ta iouë
M'inuite expreſſément à me licentier.

CALISTE.

Voila le vray chemin de te diſgracier.

ROSIDOR.

Ces refus attrayans ne sont que des remises.

CALISTE.

Lors que tu te verras ces priuautez permises,
Tu pourras t'asseurer que nos contentemens
Ne redouteront plus aucuns empeschemens.

ROSIDOR.   [uaise,

Vienne cet heureux iour, mais iusque là, mau-
N'auoir point de baisers à rafraischir ma
    braisé!   [tun,
Deussay-ie estre impudent autant côme impor-
A tel prix que ce soit sçache qu'il m'en faut vn.   ill
Desgoustée ainsi donc ta menace s'exerce?   sans
                                                   stan

CALISTE.   [uerse,

Aussi n'est il plus rien, mon cœur, qui nous tra-
Aussi n'est-il plus rien qui s'oppose à nos vœux,
La Reine qui tousiours fut contraire à nos feux
Soit du piteux recit de nos hazards touchée,
Soit de trop de faueur vers vn traistre faschée,
A la fin s'accommode aux volontez du Roy
Qui d'vn heureux Hymen recompense ta foy.

ROSIDOR.   [les!

Qu'vn Hymen doiue vnir nos ardeurs mutuel-

'Ah mon heur! pour le port de si bônes nouuelles
C'est trop peu d'vn baiser.

CALISTE.

Et pour moy c'est assez.

ROSIDOR.

Ils n'en sont que plus doux estãt vn peu forcez.
Ie ne m'estonne plus de te voir si priuée
Te mettre sur mon lict aussi tost qu'arriuée,
Tu prends possession desia de la moitié
Comme estant toute acquise à ta chaste amitié.
Mais à quand ce beau iour qui nous doit tout

CALISTE.   [permettre?

Iusqu'à ta guerison on l'a voulu remettre.

ROSIDOR.

'Allons, allons mon cœur, ie suis desia guery.

CALISTE.

Ce n'est pas pour vn iour que ie veux vn mary,
Tout beau, i'aurois regret ta santé harzardée
Si tu m'allois quitter si tost que possedée,
Retiens vn peu la bride à tes bouillans desirs,
Et pour les mieux gouster asseure nos plaisirs.

ROSIDOR.

Que le sort a pour moy de subtiles malices!

Ce lit doit estre vn iour le champ de mes delices,
Et recule luy seul ce qu'il doit terminer,
Luy seul il m'interdit ce qu'il me doit donner.

CALISTE.

L'attente n'est pas longüe, & son peu de durée

ROSIDOR.

N'augmente que la soif de mon ame alterée.

CALISTE.

Cette soif s'esteindra, ta prompte guerison
Parauant qu'il soit peu t'en fera la raison.

ROSIDOR.

A ce conte tu veux que ie me persuade
Qu'vn corps puisse guerir dont le cœur est mala-
CALISTE.   [de.

N'vse point auec moy de ce discours mocqueur,
On sçait bien ce que c'est des blessures du cœu.
Les tiennes attendant l'heure que tu souhain.
Aurõt pour medecins mes yeux qui les ont fa.
Ie me rends desormais assiduë à te voir.   [tr

ROSIDOR.

Cependant, ma chere ame, il est de mon deuou
Que sans plus differer ie m'en aille en persor.ie
Remercier le Roy du bonheur qu'il nous donne.

CALISTE

Ie me charge pour toy de ce remerciment.
Toutefois qui ſçauroit que pour ce compliment
Vne heure hors du lit ne te peuſt beaucoup nui-
        re,
Ie voudrois en ce cas moy-meſme t'y conduire,
Et i'aymerois mieux eſtre vn peu pl⁹ tard à toy
Que tes humbles deuoirs manquaſſent vers ton

ROSIDOR.   [Roy.

Mes bleſſures n'ŏt pas en leurs foibles atteintes
Sur quoy ton amitié puiſſe fonder ſes craintes.

CALISTE.

Repren donc tes habits.

ROSIDOR.

                Ne ſors pas de ce lieu.

CALISTE.

Ie r'entre incontinent.

ROSIDOR.

                Adieu donc ſans adieu.

ACTE V.

SCENE IV.

LE ROY. LE PRINCE. CLITANDRE.
PYMANTE. DORISE. CLEON.
PREVOST. 3. VENEVRS.

LE ROY.

Qve souuent nostre esprit trompé de l'ap-
        parence
Regle ses mouuemens auec peu d'asseurance!
Qu'il est peu de lumiere en nos entendemens,
Et que d'incertitude en nos raisonnemens!
Qui voudra desormais se fie aux impostures
Qu'en nostre iugement forment les conieſtures,
Tu suffis pour apprendre à la posterité
Combien la vray semblance a peu de verité:
Iamais iusqu'à ce iour la raison en desroute
N'a cõceu tãt d'erreur auecque moins de doute,
Iamais par des soupçons si faux & si pressants

On n'a iusqu'à ce iour conuaincu d'innocents,
I'en suis hôteux Clitandre, et mon ame confuse
De trop de promptitude en soy-mesme s'accuse,
Vn Roy doit se donner quand il est irrité
Ou plus de retenuë, ou moins d'authorité,
Perds en le souuenir, & pour moy ie te iure
Qu'à force de biensfaits i'en repare l'iniure.

CLITANDRE.

Que vostre Majesté, Sire, n'estime pas
Qu'il faille m'attirer par de noueaux appas,
L'hôneur de vo° seruir m'apporte assez de gloire
Et ie perdrois le miē si quelqu'vn pouuoit croire
Que mon deuoir panchast au refroidissement
Sans le flateur espoir d'vn agrandissement;
Vous n'auez exercé qu'vne iuste colere, [plaire,
On est trop criminel quand on vous peut des-
Et tout chargé de fers ma plus forte douleur
Ne s'en osa iamais prendre qu'à mon malheur.

LE PRINCE.   [rage,

Monsieur, moy qui cognois le fonds de son cou-
Et qui n'ay iamais veu de fard en son langage,
Ie tiendrois à bonheur que vostre Majesté
M'acceptast pour garand de sa fidelité.

LE ROY.

Ne nous arreſtons plus ſur la recognoiſſance
Et de mon iniuſtice, & de ſon innocence,
Paſſons aux criminels. Toy dont la trahiſon
A fait ſi lourdement chopper noſtre raiſon,
Approche ſcelerat.   Vn homme de courage
Se met ſouuent (non pas?) en vn tel équippage?
Attaque le plus fort vn riual plus heureux?
Et preſumant encor cet exploit dangereux
A force de preſents , & d'infames pratiques
D'vn autre caualier corrompt les domeſtiques?
Prend d'vn autre le nom & cõtrefait ſon ſeing
Afin qu'executant ſon perfide deſſein,
Sur vn hõme innocent tombent les coniectures?
Parle, parle, confeſſe, & preuien les tortures.

PYMANTE.

Sire, eſcoutez en donc la pure verité,
Voſtre ſeule faueur a fait ma laſcheté,   [me,
Vous, diſie, & cet objet dont l'amour me cõſom-
Ie ſçay ce que l'hõneur vouloit d'vn gentilhõme,
Mais recherchant la mort d'vn qui nous eſt ſi
    cher,
Pour en auoir les fruits il me falloit cacher,

Recognu pour l'autheur d'vne telle surprise
Le moyen d'approcher de vous, ou de Dorise?

LE ROY.　　　[encor

Va plus outre impudent, pousse & m'impute
L'attentat sur mon fils, comme sur Rosidor,
Car ie ne touche point à Dorise outragée,
Chacun en te voyant la voit assez vangée,
Et coupable elle mesme elle a bien merité
L'affront qu'elle a receu de ta temerité.

PYMANTE.

Vn crime attire l'autre, et de peur d'vn supplice
On tasche en estouffãt ce qu'on en voit d'indice
De paroistre innocent à force de forfaits;
Ie ne suis criminel sinon manque d'effets,　　[te
Et sans l'aspre rigueur du sort qui me tourmen-
Vous pleureriez le Prince, & souffririez
　　　Pymante.
Mais que tardez vous plus, i'ay tout dict, pu-

LE ROY.　　　[nissez

Est-ce là le regret de tes crimes passez?
Ostez le moy d'icy, ie ne puis voir sans honte
Que de tant de forfaits il tient si peu de conte.
Dites à mon conseil que pour le chastiment
　　　　　　　l'en

I'en laiſſe à ſes aduis le libre iugement,   [ſtre
Mais qu'apres ſon arreſt ie ſçauray recognoi-
L'amour que vers ſon Prince il aura fait paroi-
     ſtre.

Vien ça toy maintenant, monſtre de cruauté,
Qui veux ioindre le meurtre à la deſloyauté,
Deteſtable Alecton, que la Reine deceuë
Auoit naguere au rang de ſes filles receuë,
Quel barbare, ou pluſtoſt quelle peſte d'enfer,
Se rendit ton complice, & te bailla ce fer?

Pym:
ſort,
Roy
appre
Dori

DORISE.

L'autre iour dans ces bois trouué par auanture,
Sire, il donna ſujet à toute l'impoſture:
Mille ialoux ſerpens qui me rongeoient le ſein
Sur cette occaſion formerent mon deſſein,
Ie le cachay deſlors.

LE PRINCE.

                    Il eſt tout manifeſte
Que ce fer n'eſt ſinon vn miſerable reſte
Du malheureux duel où le pauure Arimant
Laiſſa ſon corps ſans ame, & Daphné ſans
     amant.
Mais quant à ſon forfait vn ver de ialouſie
I i

Iette souuent nostre ame en telle frenesie
Que la raison tombée en vn aueuglement
Laisse nostre conduite à son desreglement,
Lors tout ce qu'il produit merite qu'on l'excuse.

LE ROY.

De si foibles raisons mon esprit ne s'abuse.

LE PRINCE.   [rend

Monsieur, quoy qu'il en soit, vn fils qu'elle vous
Sous vostre bon plaisir sa defence entreprend,
Innocente, ou coupable, elle asseura ma vie.

LE ROY.

Ma iustice en ce cas la donne à ton enuie,
Ta priere obtient mesme auant que demander
Ce qu'aucune raison ne pouuoit t'accorder:
Le pardon t'est acquis, releue toy Dorise,
Et va dire par tout en liberté remise
Que le Prince aujourd'huy te prescrue à la fois
Des fureurs de Pymante, & des rigueurs des

DORISE.   [loix.

Apres vne bonté tellement excessiue,
Puisque vostre clemence ordonne que ie viue,
Permettez desormais, Sire, que mes desseins
Prennét des mouuemés plus reglés et plus saiñs

Souffrez que pour pleurer mes actions brutales
Ie face ma retraitte auecque les Vestales,
Et qu'ainsi ie renferme en leur sacré sejour
Vne qui ne deust pas seulement voir le iour.

LE PRINCE.

Te bannir de la Cour apres m'estre obligée,
Ce seroit trop monstrer ma faueur negligée.

DORISE.

N'arrestez point au monde vn sujet odieux,
De qui chacũ d'horreur destourneroit les yeux.

LE PRINCE.

Fusses-tu mille fois encor plus mesprisable,
Ma faueur te va rendre assez considerable
Pour te faire l'objet de mille affections :
Outre l'attrait puissant de tes perfections,
Mon respect à l'amour tout le monde connuie
Vers celle à qui ie dois, & qui me doit la vie.
Fais le voir mon Clitandre, & tourne ton desir
Du costé que ton Prince a voulu te choisir,
Reuny mes faueurs t'vnissant à Dorise.

CLITANDRE.

Mais par cette vnion mon esprit se diuise,
Puisqu'il faut que ie dõne au deuoir d'vn espous

La moitié des pẽsers qui ne sont deus qu'à vous.
LE PRINCE.

Ce partage m'oblige, & ie tiens tes pensées
Vers vn si beau sujet d'autant mieux adreßées
Que ie luy veux ceder ce qui m'en appartient.
LE ROY.

Taisez vous, i'apperçoy nostre bleßé qui vient.

ACTE V.

SCENE V.

LE ROY. CLITANDRE. ROSIDOR. CALISTE. DORISE.

LE ROY.

AV comble de tes vœux seur de ton maria-
ge,   [tage?
N'es-tu point satisfait? Que veux-tu dauan-
ROSIDOR.

L'apprẽdre de vous, Sire, et pour remercimens
Offrir encor ma vie à vos commandemens.

LE ROY.

Si mon cõmandement peut sur toy quelque cho-
Et si ma volonté de la tienne dispose,   [se,
Embrasse vn Caualier indigne des liens
Où l'a mis aujourd'huy la trahison des siens:
Le Prince heureusement l'a sauué du supplice,
Et ces deux que ton bras desrobe à ma iustice
Corrompus par Pymante auoient iuré ta mort,
Le suborneur depuis n'a pas eu meilleur sort,
Et ce traistre à present tõbé sous ma puissance,
Clitandre fait trop voir quelle est son innocence.

ROSIDOR.

Sire, vous le sçauez, le cœur me l'auoit dit,
Et si peu que i'auois enuers vous de credit
Ie l'employay dészlors contre vostre colere.
En moy doresnauant faites estat d'vn frere.

CLITANDRE.

En moy d'vn seruiteur dont l'amour esperdu
Ne vous querelle plus vn prix qui vous est deu.

DORISE à Caliste.

Si le pardon du Roy me peut donner le vostre,
Si mon crime

Ah ma ſœur, tu me prends pour vn autre,
Si tu crois que ie vueille encor m'en ſouuenir.

LE ROY.

Tu ne veux plus ſonger qu'à ce iour à venir
Que Roſidor guery termine vn Hymenée.
Clitandre en attendant cette heureuſe iournée
Taſchera d'allumer en ſon ame des feux
Pour celle que mon fils deſire, & que ie veux,
A qui pour reparer ſa faute criminelle
Ie defends deſormais de ſe monſtrer cruelle:
Ainſi nous verrons lors cueillir en meſme iour
A deux couples d'Amants les fruicts de leur
amour.

FIN.

Aix, le 10 Août 1911

Cher [...]

Le joli petit bouquin (je ne me souviens plus du titre) que vous m'avez montré (derrière votre table de travail) et dont j'admirais votre quant à la reliure est aux armes de Louis Marie Augustin duc d'Aumont, pair de France (1709-1782) Cet amateur célèbre se faisait relier par le fameux Padeloup d'argent au chevron de gueules accomp. de 7 merlettes de sable 4 en chef posées 2 et 2, 3 en pointes posées 1 et 2

elles ressemblent merlettes merlans à des faits, mais elles suffisent!

Cf. Catalogue des livres de la Bibl. de feu M. le duc d'Aumont dont la vente se fera en son hôtel place de Louis XV le mardi 7 juin 1783... par Guillaume Debure fils ainé.

Paris Debure 1782 in-8°

«Le Cabinet du duc d'Aumont et les amateurs de son temps.. par le Baron Ch. Davillier

Paris Aubry 1870 8°

Je vous félicite de posséder parmi tant de trésors ce petit bijou, souvenir d'une des grandes librairies du XVIIIe s. Je vais partir pour Orange et serai de retour à la fin du mois; je compte bien venir vous demander à nouveau l'autorisation de m'instruire dans votre bibliothèque et de profiter à la fois des livres et de l'amabilité si érudite de leur possesseur

Veuillez me

croire, cher Monsieur,
Votre très sincèrement
Dévoué

E. Aude